NOUVELLES,

PAR

CH. PAUL DE KOCK.

ÉDITION ILLUSTRÉE DE 19 VIGNETTES PAR BERTALL.

PRIX : 75 CENTIMES.

PARIS
GEORGES BARBA, LIBRAIRE-ÉDITEUR
7, RUE CHRISTINE, 7
— *Tous droits réservés* —

PAUL DE KOCK

NOUVELLES

LE SIGNE SECRET

Mlle Adelinde Desroseaux avait quarante ans très-sonnés, et ce qu'on appelle communément de *beaux restes*; mais chez les femmes en général, on préfère des bagatelles neuves à de beaux restes : les hommes n'ont point de goût.

Mlle Adelinde s'était vue à vingt ans entourée d'hommages, de flatteries, de séductions; alors c'était à qui parviendrait à lui plaire, à obtenir la faveur d'un regard, d'un sourire, et même d'une contredanse. Alors il n'eût tenu qu'à la jeune fille de faire un choix, de prendre un mari. Elle ne fit point de choix, ou elle en fit trop, à ce que dirent les mauvaises langues, mais enfin elle ne se maria pas.

A trente ans, mademoiselle Adelinde était encore fort bien. Elle avait perdu ses parents, et jouissait par conséquent d'une grande liberté. Elle ne manquait pas d'adorateurs, et trouvait fort doux peut-être de pouvoir congédier ceux qui l'ennuyaient pour en choisir de nouveaux; mademoiselle Adelinde oubliait toujours de prendre un mari.

Elle y songea cependant, mais c'est lorsqu'elle ne vit plus autour d'elle de soupirants et de favoris. Elle avait passé ses quarante ans sans s'en apercevoir, elle trouva fort extraordinaire que d'autres s'en fussent aperçus. Mademoiselle Adelinde se croyait toujours à vingt ans, elle assurait que son cœur n'avait pas changé, qu'il était aussi brûlant, aussi aimant qu'autrefois. On ne la chicanait pas là-dessus, mais on laissait son cœur brûler tout seul.

Mademoiselle Adelinde se dit : — Je veux un mari, il m'en faut un... jeune ou vieux... laid ou beau... n'importe, pourvu que j'aie quelqu'un à aimer... Cependant je le préférerais jeune et gentil. J'ai deux mille francs de revenu; ce n'est pas une fortune, mais c'est pourtant quelque chose. Allons... aux grands expédients! puisque parmi mes connaissances personne n'a assez d'esprit pour me marier, je vais me mettre dans les *Petites-Affiches*. Après tout, c'est un moyen comme un autre... On y met bien des hôtels... des châteaux... on peut bien y mettre une femme; certainement je n'ai pas la prétention de valoir un château. Rédigeons mon annonce et allons nous faire insérer.

Mademoiselle Adelinde se

LE SIGNE SECRET.

Mylord, j'ai toujours dit qu'on ne le verrait qu'après m'avoir épousée.

met à la besogne, et quelques jours après on lisait dans les *Petites-Affiches* :

Une demoiselle entre deux âges, d'un physique agréable, ayant de l'éducation, une grande habitude du monde, et jouissant de deux mille francs de rente, désire se marier le plus promptement possible. S'adresser à la personne elle-même, de midi à quatre heures. Demander mademoiselle A.

Cette annonce était suivie de l'adresse bien exacte de mademoiselle Adelinde, qui, ne doutant pas que les *Petites-Affiches* ne lui envoyassent une foule de prétendants à sa main, faisait chaque jour une grande toilette, et de midi à quatre heures ne sortait pas de chez elle de peur de manquer un mari.

Mais, hélas! soit que les *Petites-Affiches* aient perdu de leur vogue chez les Parisiens, soit que ceux-ci, trop souvent trompés par des annonces mensongères, ne veuillent plus s'exposer à l'être encore, la pauvre Adelinde en était depuis quatre mois pour ses frais de toilette et d'insertion; personne ne venait voir cette demoiselle qui désirait se marier promptement, personne !... pas même ces vieux flâneurs, ces curieux qui, pour employer leur temps, vont partout où il y a quelque chose à voir gratis.

Mademoiselle Adelinde se dépite, se lamente, se met en colère; elle est sur le point de pleurer, mais elle n'en fait rien, parce qu'elle songe que cela lui gâterait les yeux. Elle se met devant son miroir, elle s'examine et s'écrie : — Ils ne viennent pas seulement me voir, les imbéciles !... s'ils me voyaient, je serais bien vite mariée, j'en suis sûre... car je suis bien, je suis encore très-bien... je crois même que je suis mieux que je ne l'étais à vingt ans... oui... j'ai des choses qui ont gagné.

Mademoiselle Adelinde pose sa tête dans ses mains et réfléchit pendant quelques minutes en murmurant : — Je veux un mari, j'en veux un... j'en aurai un.

Tout à coup une idée lui vint, une des idées heureuses, uniques, divines, que le poëte, que le compositeur, que le peintre, attendent souvent inutilement pendant des semaines entières, et qu'ils feraient beaucoup mieux de ne pas attendre du tout, parce que l'inspiration est un mot inventé par les paresseux pour perdre leur temps et ne rien faire.

Mademoiselle Adelinde refait son annonce, et après ces mots : *S'adresser à la personne elle-même de midi à quatre heures*, elle ajoute : *A ceux qui viendraient savoir ce qu'on fait dans le temps de déjeuner, mademoiselle A. s'empressera d'offrir quelque chose*.

— Avec cette addition à mon article, je suis bien sûre qu'il me viendra du monde, se dit mademoiselle Adelinde. On me verra, c'est tout ce que je désire. Et elle court aux *Petites-Affiches*, où elle paye pour sa nouvelle annonce.

Ce nouvel expédient réussit complètement : le jour même où l'article paraît, plusieurs hommes se présentent pour voir la demoiselle à marier, et tous avouent qu'ils ont oublié de déjeuner. Mademoiselle Adelinde fait les honneurs de chez elle avec infiniment de grâce; à l'un elle offre du pâté, à un autre de la volaille. Elle fait l'aimable, elle cause. Ces messieurs mangent, boivent; ils paraissent enchantés d'elle; et il n'en est pas un qui, en la quittant, ne semble disposé à l'épouser.

Le lendemain, la foule des visiteurs est plus considérable; le surlendemain, ils sont encore en plus grand nombre. Mademoiselle Adelinde est obligée de tenir table ouverte; tous ces messieurs ont un appétit d'enfer. Le pâté et la volaille ne suffisent plus, mademoiselle Adelinde ne sait où donner la tête; sa maison est devenue un restaurant, et si cela continue, elle fera tomber tous les traiteurs à vingt-cinq sous.

La pauvre demoiselle commence à s'apercevoir que son revenu ne peut suffire à ce train de vie. Les aspirants à sa main qui viennent toujours sans avoir eu le temps de déjeuner la mettraient bientôt sans le sou, et alors il est probable qu'elle trouverait encore moins à se marier. D'ailleurs, la conduite des visiteurs est quelquefois d'une inconvenance outrageante; ils n'arrivent que pour manger, et il en est quel-qu'un fort mauvais, et ceux lesquels il faut l'assistance du portier pour leur faire quitter la place.

Mademoiselle Adelinde supprime d'abord la volaille, et ensuite le pâté, ensuite le vin; enfin elle finit par se contenter d'offrir un verre d'eau à ceux qui désiraient prendre quelque chose. Le nombre des visiteurs suit la même gradation que les comestibles; il diminue avec les plats, et il cesse entièrement lorsqu'on en vient au verre d'eau.

— Les hommes sont des monstres !... des êtres ignobles, des carnivores, des brutivores !... se dit mademoiselle Adelinde lorsqu'elle se trouva seule devant son miroir. Ils sont venus, ils m'ont vue... ils ont bu et mangé... et pas un n'a vraiment songé à m'épouser !... Quelle conduite !... dans le dix-neuvième siècle... dont on vante tant les lumières, les progrès, la civilisation !... Venir gruger une pauvre demoiselle, et ne pas même lui baiser la main !... Oh ! les traîtres !... Mais c'est égal, je veux un mari... j'en aurai un, car je l'ai mis dans ma tête. Cherchons un autre expédient, et qui surtout soit moins dispendieux.

Mademoiselle Adelinde refait encore sa tête dans ses mains, elle rêve, elle cherche... puis tout à coup elle pousse un cri de joie, elle fait un bond dans sa chambre et s'écrie :

— Oh ! cette fois ! cela réussira... c'est immanquable... Je connais les hommes... ils voudront connaître... mais c'est là que je les attends... Vite refaisons mon annonce.

Et mademoiselle Adelinde, supprimant le déjeuner, met à la place : *La personne qui désire se marier croit devoir prévenir ceux qui se présenteraient pour l'épouser qu'elle a, à quatre pouces plus haut que la jarretière gauche, un signe de la plus grande beauté. Mademoiselle A... met sa jarretière au-dessus du genou*.

Cette nouvelle amorce est portée aux *Petites-Affiches*, et on en attend avec anxiété le résultat.

De nouveaux visiteurs se présentent; ceux-ci ont déjà quelque chose de plus aimable que ceux qui ne se présentaient que pour manger; ils arrivent le sourire sur les lèvres, l'air gracieux, sémillant; ils causent, ils plaisantent, puis ils amènent la conversation sur le signe secret, et laissent voir le désir qu'ils auraient de le connaître.

Mais c'est là où mademoiselle Adelinde attend son monde. Elle prend alors un air plus réservé, elle se pince les lèvres, et répond en baissant les yeux :

— Mon mari seul le verra.

— Mais cependant, mademoiselle, il est naturel de désirer voir avant de s'engager...

— Non, monsieur, on ne le verra qu'après.

— Alors, mademoiselle, pourquoi avez-vous fait mettre cela dans les *Petites-Affiches*?

— Parce que je ne veux tromper personne, monsieur, et que je suis bien aise de prévenir celui qui voudrait m'épouser que j'ai une petite particularité au-dessus de la jarretière.

Ces réponses piquent la curiosité des visiteurs. On presse, on insiste, on demande au moins quelques détails. Mais mademoiselle Adelinde résiste à toutes les prières, à tous les arguments; elle ne fait rien voir, et quelques-uns de ces messieurs reviennent le lendemain dans l'espérance d'être plus heureux.

Les choses en étaient là. Mademoiselle Adelinde recevait assez nombreuse compagnie; mais elle n'avait pas encore trouvé un mari, parce que les Français sont méfiants, et qu'ils soupçonnent toujours des plaisanteries, même dans les affaires les plus sérieuses.

On parlait beaucoup dans le monde du signe secret de cette demoiselle qui cherchait un mari. On en riait, on en plaisantait.

— C'est quelque attrape, disaient les jeunes gens. Mais on désirait beaucoup le voir, et à ce sujet il s'élevait des disputes, des provocations, et même des paris; chacun espérait être plus heureux que ceux qui s'étaient présentés. Les jolis garçons pensaient que la demoiselle à marier ne pourrait pas leur résister, qu'elle leur laisserait voir son signe, et ils allaient trouver mademoiselle Adelinde. Ils se mettaient en frais de toilette, ils tâchaient de se surpasser en galanterie, en amabilité; mais tout cela échouait; il fallait s'en aller sans avoir rien vu. Mademoiselle Adelinde se disait tout bas : — Il y en a un qui finira par m'épouser... Si ce n'est pas par amour, ce sera par curiosité.

Un beau jour, un Anglais, qui était venu à Paris dans l'unique but de s'amuser, entend parler de mademoiselle Adelinde et de son signe. Il croit d'abord que c'est une plaisanterie, mais la lecture des *Petites-Affiches* achève de le convaincre. Cet Anglais avait beaucoup d'amour-propre, et, comme tous ceux de sa nation, il désirait surtout l'emporter sur mille choses sur les Français.

— *Goddem* ! se dit sir Hasting, tous jeunes gens de Paris n'avaient pu savoir à voir la petite singularité secrète de cette demoiselle; moi, je voulais être plus adroit; et je parie que je viendrai à mon satisfaction.

Sir Hasting achète les *Petites-Affiches*, prend un cabriolet, et se fait conduire à l'adresse indiquée sur le journal. Il va d'abord parler au portier.

— Vous avez ici dans la maison une demoiselle qui avait un signe ?

Le portier regarde l'Anglais en ouvrant de gros yeux bêtes, et répond :

— Un cygne ?... oh ! non... il y a des demoiselles qui ont des chiens... des chats... mais je ne leur connais pas de cygne !

— Je dis à vous qu'il y avait dans la maison une petite fille majeure... entre deux âges, qui avait une cachoterie au-dessous de la jarretière.

— Une cachoterie ? qu'est-ce que ça ?

— Un signe... un *particoulourité*... un petite chose qu'on faisait pas voir... comprenez-vous ?... *You are stupide* !

Le portier ne comprenait pas du tout; mais enfin l'Anglais lui imagine de lui montrer l'article des *Petites-Affiches*, et le concierge se rappelle mademoiselle Adelinde. Il indique la porte à sir Hasting, qui se présente devant la demoiselle à marier, et après l'avoir saluée fort civilement, lui dit avec un grand sérieux :

— Mademoiselle, je voulais voir le signe à vous.

— Milord, j'ai déjà dit à toutes les personnes qui m'ont adressé cette demande qu'on ne le verrait qu'après m'avoir épousée.

— C'était bien votre dernier mot ?

— Oui, milord.
— Pas rien ajouter sans cela ?
— Pas la moindre des choses, milord.

L'Anglais réfléchit, regarde mademoiselle Adelinde, se gratte le front, puis sort comme une bombe.

Il était allé chez un notaire faire dresser un contrat de mariage.

Huit jours après mademoiselle Adelinde était mistress Hasting, et l'Anglais disait d'un air conquérant en regardant les jeunes gens qu'il avait entendus parler du signe secret :

— Je savais bien, moi, que je serais plus adroit que vous... Je l'avais vu le signe !... il était *supérior* !

— Parbleu ! à ce prix-là nous pouvions aussi le voir, lui dit-on, mais nous ne voulions pas nous faire voler... Tenez, sir Hasting, de bonne foi, convenez que c'est une bagatelle... un rien... de ces signes comme on en voit tous les jours ?...

L'Anglais n'a jamais voulu répondre à ces questions.

UN TOUR DE GRISETTES.

Figurez-vous d'abord deux jeunes filles de vingt ans à peu près : l'une, que nous nommerons tout simplement Aline, était grande, svelte, bien faite ; ses cheveux et ses yeux très-noirs faisaient encore ressortir la blancheur de sa peau ; sa bouche, un peu grande peut-être, renfermait des dents dont une princesse eût été jalouse ; sa main douce et potelée eût été admirée par un statuaire, et sa jambe... ah ! ma foi, sa jambe, je ne vous en dirai rien parce que je ne l'ai pas vue, et c'est très-fâcheux, car probablement j'aurais eu de bien jolies choses à vous dire sur la jambe de mademoiselle Aline.

Ici, je vois un de mes lecteurs s'arrêter et me dire :

— Ah çà ! monsieur l'auteur, c'est donc une histoire véritable que vous allez nous raconter, puisque vous nous avouez que vous connaissez cette demoiselle Aline... Ceci n'est donc pas un conte fait à plaisir, une nouvelle inventée tout simplement pour la récréation de vos lecteurs, et qui sans doute ne tarderait pas à se reproduire sur la scène sous la forme d'un vaudeville ?

Non, lecteur, je ne vous fais point un conte. Fi donc ! Il faut laisser cela aux Arabes, aux nourrices et aux grand'mères ; moi, je vous rapporte un fait qui m'a été conté par une des personnes qui ont figuré dans cette aventure. J'ai seulement changé les noms et la position de quelques personnages, parce qu'il faut toujours qu'un écrivain change quelque chose, quand ce ne serait que pour avoir l'air d'inventer. Maintenant que vous savez à quoi vous en tenir, continuons.

Mademoiselle Aline était donc fort gentille. C'était une modeste brodeuse, elle avait de l'esprit et un cœur sensible, ce qui se rencontre beaucoup plus souvent qu'on ne le croit, car les gens bêtes sont en général beaucoup moins faciles à attendrir que les personnes spirituelles, par la raison toute simple que l'esprit étant le chemin du cœur, quand on n'a point d'esprit on a un cœur sans chemin, auquel il doit être fort embarrassant de parvenir.

Je reviens à mademoiselle Aline. Vingt ans, jolie, bien faite, brodeuse et sensible, on doit faire de l'amour sou plus doux passe-temps, sa principale occupation ; on doit avoir pour le moins un amoureux ; le quitter quand il est volage, le remplacer quand il est jaloux, et l'adorer quand il est mauvais sujet. On doit penser à son amant en allant chercher sa petite cruche de crème et sa demi-once de café, en mettant ses papillotes, et en enfilant son aiguille ; enfin, on doit parler de lui avec sa bonne amie, et en rêver toutes les nuits.

Eh bien ! rien de tout cela n'avait lieu ! Aline ne rêvait point à ses amours, elle ne soupirait pas après son amant, elle ne croyait pas voir sa douce image dans une rose, dans le fond d'une tasse, dans un bonnet à poil, et dans la queue de son chat. Elle ne parlait pas de lui à son amie, elle ne l'attendait pas à la fenêtre, ne le guettait point dans la rue, ne le suivait pas au spectacle, ne dansait point avec lui le galop et la *cachucha*, et tout cela par une seule raison qui vous suffira, je l'espère : c'est qu'Aline n'avait point d'amant.

Une grisette sans amant ! allez-vous dire ; mais c'est un phénomène, un être à part ! C'est une femme sans corset, un salon sans piano, une salade sans vinaigre, des asperges sans sauce, un habit sans boutons, et un garde national sans buffleteries.

— Mais pourquoi mademoiselle Aline, que vous avez dit être sensible et spirituelle, ne connaissait-elle pas l'amour ? Un savant a dit qu'il n'y avait point d'effet sans cause. Tout le monde en aurait dit autant que ce savant-là.

— Oui, sans doute, il y avait une cause.

Aline n'avait encore que douze ans ; elle habitait avec une vieille tante, lorsque celle-ci la mena chez une tireuse de cartes, qui, disait-on, avait le talent de lire dans l'avenir.

La bonne femme voulait régaler sa jeune nièce, et au lieu de la mener à spectacle, elle lui fit tirer son horoscope.

La tireuse de cartes, pour faire plus d'impression sur l'esprit tout neuf de la jeune fille, la fit entrer dans un petit cabinet tout en tapisserie sombre, et dans lequel, une fois entré, on ne voyait plus de porte.

Là, la bohémienne endossa une grande robe noire dans les manches de laquelle on aurait pu cacher deux enfants et un pain de quatre livres.

Elle mit sur sa tête un grand chapeau pointu sur lequel il y avait des petits morceaux d'écarlate qui figuraient des diables, des flammes, des serpents et de grands chaudrons.

Ensuite, elle étala sur la table son grand jeu ; car vous savez que les tireuses de cartes ont plusieurs jeux. C'est comme chez les marchands de vin, où l'on en vend de différents prix, et c'est toujours du même.

Mais la vieille tante avait voulu faire les choses grandement : elle avait payé à sa nièce le grand jeu.

Vous devez juger si la petite Aline écoutait avec recueillement les paroles de la bohémienne. La pauvre enfant, déjà impressionnée par tout ce que la tante lui avait dit sur le grand talent de la sorcière, tremblait de tout son corps en jetait de timides regards autour d'elle pour tâcher de voir une porte de sortie. Elle sentait son cœur glacé par la terreur, et elle retint parfaitement ces paroles que prononça la devineresse avec une voix qui aurait pu lutter contre un cornet à piston :

— Petite fille ! le destin te défend par ma voix de jamais écouter le langage de l'amour ; car je vois dans l'avenir que les hommes feraient ton malheur !

La pauvre Aline avait parfaitement retenu les paroles de la sorcière ; en grandissant, elle ne les avait jamais oubliées.

La vieille tante était morte, et Aline était allée demeurer avec une de ses amies : c'est l'autre jeune fille que j'avais à vous faire connaître en commençant cette histoire véritable.

Celle-ci se nomme Stéphanie ; elle a un petit nez malin, des yeux très-vifs, de petites fossettes dans les joues : elle est blonde et fraîche, vive et gaie.

Elle chante toute la journée en reprisant sa dentelle, car mademoiselle Stéphanie est ouvrière en dentelles.

Elle a toujours le cœur occupé, et lorsque son amant lui fait infidélité, elle n'est jamais embarrassée pour lui donner un remplaçant.

Et vous devez penser combien la conduite de son amie lui semble extraordinaire et même ridicule. Elle ne conçoit pas qu'Aline s'obstine à refuser les hommages des jeunes gens.

Elle lui dit tous les jours :

— Aline, tu n'as pas le sens commun !... On ne vit pas sans avoir un sentiment, un attachement ; quelquefois même on en a plutôt deux qu'un. Quel motif as-tu pour haïr les hommes ?

— Je ne les hais pas, bien au contraire ! répond mademoiselle Aline.

— Alors, tu n'en as donc pas encore rencontré un seul qui t'ait plu ?

— Oh ! si... J'en ai vu plusieurs qui m'ont semblé bien gentils !

— Pourquoi donc alors ne les as-tu pas voulu écouter ?

— Parce qu'il m'est défendu de connaître l'amour.

— Qui t'a défendu cela ?

— Une bohémienne, quand j'étais toute jeune, que je n'avais que douze ans, m'a tiré les cartes, et m'a prédit que je serais très-malheureuse si j'écoutais le langage de l'amour.

— Ah ! que tu es folle ! Comment, Aline, tu crois cela ?

— Certainement, puisque c'était une sorcière.

— Je ne sais donc pas qu'il y a rien de si gentil que l'amour ?... Si tu aimais une fois, tu ne voudrais plus faire que cela.

— Ah ! c'est possible.

— Tu as vingt ans, tu es jolie... et tu n'as pas un amoureux ! C'est épouvantable ! Écoutes-en au moins un, quand ce ne serait que pour voir si la tireuse de cartes t'a dit vrai.

— Oh ! non, je serais malheureuse, et ce serait ma faute.

Stéphanie se dépitait de voir que ses discours et ses conseils ne faisaient rien ; mais elle avait mis dans sa tête que Aline aurait un sentiment, et elle n'était pas fille à reculer devant les difficultés.

Toute la journée mademoiselle Stéphanie, qui avait une voix fort bien timbrée, chantait en travaillant :

C'est l'amour, l'amour, l'amour,
Qui fait le monde
A la ronde.

Et tout en chantant elle regardait si les paroles de sa chanson faisaient impression sur Aline. Quand celle-ci paraissait distraite, elle s'écriait :

Quand on sait aimer et plaire,
Qu'a-t-on besoin d'être bien ?

Si cela ne faisait point d'effet, elle entonnait avec des roulades :

Du moment qu'on aime,
On devient si doux !

Et comme dans presque tous les opéras et tous les vaudevilles on a fait des morceaux pour vanter les douceurs et les plaisirs de l'amour, la jeune ouvrière en dentelles avait un grand répertoire, et pouvait en chanter fort longtemps sur ce sujet.

Aline aimait la lecture : son amie lui faisait lire la *Nouvelle Héloïse*, le *Petit Jehan de Saintré*, et *Faublas*.

Aline était folle du spectacle : Stéphanie l'y mena voir *Antony, Joconde*, et la *Bouquetière des Champs-Elysées*. Il y avait de quoi rendre amoureuse la personne la plus froidement constituée.

Aline continua de traiter avec la même rigueur un beau petit blondin qui venait soupirer sous ses croisées, qui lui écrivait tous les jours des choses charmantes sur sa porte avec de la craie, et qui mettait quelquefois des bouquets de violettes dans sa serrure.

Stéphanie se désespérait; elle fut un moment tentée de s'arracher les cheveux... ce qu'elle eût fait probablement si elle en avait eu de blancs; mais comme ils étaient tous d'un fort joli blond cendré · elle ne s'arracha rien.

Elle se rapprocha encore de son amie, et lui dit avec un accent qui partait de l'âme :

— Aline, tu me fais bien de la peine. Est-ce que tu ne sens pas au fond du cœur qu'il te manque quelque chose ? Est-ce que tu ne t'ennuies pas de vivre comme cela ?

Aline poussa un gros soupir, et répondit :

— Si vraiment, cela m'ennuie beaucoup !... Mais l'horoscope de la tireuse de cartes !

— Tu crois donc toujours à sa science ?... et si l'on te prouvait que ces femmes-là ne savent ce qu'elles disent ?

— Alors ce serait différent ! Mais tu ne peux pas me prouver cela !

Stéphanie se frappe le front et s'écrie :

— Au contraire! cela me sera bien facile. Comment s'appelle ta tireuse de cartes?

— Madame Rotomago.

— Superbe nom pour une bohémienne. Exerce-t-elle toujours ?

— Je n'en sais rien.

— Tu te rappelleras bien sa demeure ?...

— Attends... Je crois que pour trois francs elle vous disait votre bonne aventure ; mais le grand jeu valait cent sous, et moi on m'a fait le grand jeu, qui est bien plus infaillible.

— Allons, nous demanderons le grand jeu, et nous donnerons cent sous... C'est un peu cher !... J'avoue que j'aimerais mieux les manger en biscuits et en meringues ; mais enfin, pour te guérir de ta folie il faut bien faire des sacrifices... Mets ton châle et partons.

Aline est bientôt prête, et les jeunes filles se mettent en route munies de la pièce de cent sous qui doit leur permettre de savoir leur avenir. Elles arrivent dans une rue de la Cité.

— C'est là, dit Aline d'une voix émue.

— Ah! c'est là! répond Stéphanie ; et déjà elle s'avance dans une allée obscure, étroite et sale, où elle fait bravement quelques pas ; mais elle revient aussitôt n'osant y aller seule et dire à sa compagne :

— Avant d'aller me casser le nez là dedans, il me semble que je ne ferais pas mal de prendre des informations ; car enfin depuis huit ans la tireuse de cartes a pu déménager... J'ai bien déménagé sept fois en un an, moi. Tiens, j'aperçois une fruitière en face, je vais aller y prendre des renseignements.

Stéphanie va chez la fruitière, et demande si madame Rotomago, tireuse de cartes, occupe toujours son même logement.

— Non sans doute; depuis plus de trois ans elle a quitté ce quartier. Apprenez que la réputation de madame Rotomago a grandi !... grandi !... au point que c'est maintenant la première sorcière de Paris.

— Serait-il possible !

— Oui, ma chère amie ; maintenant elle habite dans une superbe maison du faubourg Saint-Germain. Voici sa nouvelle adresse imprimée.

Les deux jeunes filles prennent l'adresse et se dirigent vers le faubourg Saint-Germain ; mais tout le long du chemin Aline est triste, et elle soupire en disant à sa compagne :

— Tu vois bien que cette femme-là est vraiment sorcière, qu'elle dit toujours juste et ne se trompe jamais, puisqu'elle a fait sa fortune, puisque les gens du grand monde vont nous la consulter.

— Cela ne prouve rien du tout, répond Stéphanie. Allons toujours chez madame Rotomago.

On arrive à la nouvelle demeure de la tireuse de cartes. C'est un superbe hôtel à la porte duquel se promène un suisse tout galonné. Les deux grisettes entrent dans la cour; elles demandent madame Rotomago. Le suisse daigne leur montrer un beau vestibule au fond en leur disant :

— Entrez là... il y a déjà du monde ; mais vous prendrez votre tour.

Avant d'aller plus loin, Stéphanie fait une réflexion, c'est qu'en changeant de local la sorcière a fort bien pu changer aussi le prix de ses séances; et comme elles n'ont que cent sous dans leur poche, elle juge prudent de s'en assurer.

Elle retourne au pied du suisse, et lui dit:

— Monsieur, pourriez-vous nous dire ce qu'il en coûte pour se faire tirer les cartes par madame Rotomago?

— Oui, mesdemoiselles, je puis très-bien vous dire cela, répond le suisse d'un air de protection : c'est vingt-cinq francs quand on ne demande que le jeu simple, et c'est cinquante francs pour avoir le grand jeu.

— Cinquante francs! s'écrient les deux jeunes filles en se regardant. Ah! mon Dieu! c'est horriblement cher...

— C'est un prix fait comme les petits pâtés ; madame n'en rabat jamais un sou... Cependant on est libre de donner plus quand on en a la fantaisie...

— Ah! on peut donner plus... c'est encore heureux ; mais on doit aussi pouvoir donner moins ?...

— Non, mademoiselle.

— Mais quand on n'a pas cinquante francs ?

— On prend le petit jeu ; ce n'est que vingt-cinq francs.

— Et quand on n'en a pas vingt-cinq ?

— Alors on ne se permet pas de se présenter chez madame Rotomago, tireuse de cartes de tous les princes de l'Europe et du nouveau monde.

Les jeunes filles sortent de l'hôtel toutes consternées.

— Allons-nous-en, dit Aline ; tu vois bien que madame Rotomago est une grande sorcière chez laquelle nous ne pouvons plus pénétrer.

— Je vois... je vois que tout ceci est de la bamboche, s'écrie Stéphanie ; nous irons chez la bohémienne... je le veux... et... Ah! quelle idée!... Oh ! ce serait délicieux... Oui, oui, madame Rotomago nous tirera les cartes, elle nous fera le grand jeu... et cela ne nous coûtera pas cinquante francs... pas même cent sous...

— Que veux-tu dire ?

— Laisse-moi faire !... j'ai un projet ! Fie-toi à moi ; viens... viens.

Les deux grisettes montent dans un omnibus et retournent chez elles... Arrivées là, Stéphanie commence par changer entièrement de toilette ; elle met une jolie robe, un petit bonnet, un élégant tablier ; ce n'est plus une grisette, c'est une femme de chambre du bon ton.

Elle fait prendre à son amie une toilette semblable à la sienne, et lui dit :

— Souviens-toi que nous ne sommes plus grisettes, nous sommes toutes deux femmes de chambre de madame la marquise de... de... Attends donc que je cherche un nom bien ronflant... la marquise de Villaflorosa, et nous allons prendre un fiacre.

— Mais je ne comprends pas...

— Viens toujours... tu comprendras chez la sorcière. Les deux jeunes filles montent dans un fiacre, et se font conduire à l'hôtel de madame Rotomago.

Chemin faisant, Aline dit à son amie :

— Si la tireuse de cartes allait me reconnaître... pour m'avoir dit la bonne aventure quand j'avais douze ans.

— Oh! tu es bien changée depuis ce temps... mais c'est alors que nous verrons si elle est sorcière.

Le fiacre arrête les grisettes devant l'hôtel ; le suisse ne les reconnaît pas. Elles vont dans le vestibule, et pénètrent dans une grande pièce où plusieurs personnes semblent attendre qu'on veuille bien les admettre.

— Je vais vous donner un numéro, mesdemoiselles ? dit une espèce de servante en allant aux deux grisettes.

— Oh! ce n'est pas la peine, répond Stéphanie, nous n'avons pas le temps d'attendre, nous ; dites à votre maîtresse que nous voulons lui parler de la part de notre maîtresse la marquise de Villaflorosa...

Le ton décidé de Stéphanie impose à la servante ; elle va faire la commission, et revient bientôt vers les grisettes, auxquelles elle fait signe de la suivre. Elle ouvre une petite porte, et les introduit dans une pièce où est madame Rotomago.

— Que voulez-vous de moi, jeunes filles ? demande la sorcière d'un air grave.

— Madame, répond Stéphanie, madame la marquise de Villaflorosa, notre maîtresse, donne ce soir une fête dans laquelle elle désire avoir une bohémienne pour amuser sa société. Notre maîtresse ne nous a pas indiqué celle qu'il fallait lui avoir ; elle nous a laissées libres de choisir la sorcière qui nous conviendrait, et à laquelle on donnerait cinq cents francs pour sa soirée.

Ici la figure de madame Rotomago se déride, et elle fait un gracieux sourire aux jeunes filles.

Stéphanie reprend :

— Nous sommes venues chez vous, madame ; mais nous ne ferons venir chez notre maîtresse que la devineresse qui d'abord aura bien voulu nous tirer les cartes à toutes deux... Voyez, madame, si cela vous convient, sans quoi nous irons chez une autre.

— Eh! oui vraiment, mes enfants, cela me convient, et beaucoup même! s'écrie madame Rotomago ; je vais vous tirer les cartes, et je vous ferai le grand jeu... Oh ! je vous promets que rien n'y manquera.

Les jeunes filles sont enchantées ; la bohémienne les fait passer dans son laboratoire. C'est un petit cabinet tout en tapisserie, et dans lequel on ne voit plus de porte une fois qu'on y est, absolument comme celui dont Aline avait fait la description.

Madame Rotomago prend son grand costume, robe, bonnet, lunettes, rien n'y manque ; enfin elle étale son grand jeu, et dit la bonne aventure aux deux jeunes filles.

Aline éprouva un moment de frayeur, car elle crut d'abord qu madame Rotomago va voir dans les cartes qu'elles l'ont trompée et ce qu'elles sont véritablement; mais bientôt elle se rassure en s'entendant dire une foule de choses qui lui sont étrangères et ne pourraient convenir qu'au personnage dont elles ont pris la qualité.

Stéphanie se mord les lèvres pour ne point rire au nez de la tireuse de cartes, Aline se sent envie d'en faire autant, car déjà sa foi s'est évanouie. Enfin le grand jeu est terminé, l'horoscope est tiré: leur maîtresse la marquise doit la marier et les doter richement. Les jeunes filles remercient et sortent après avoir laissé à madame Rotomago une adresse où elle cherchera la marquise de Villaflorosa.

Une fois dans la rue, les grisettes rient comme deux petites folles.

— Eh bien, dit Stéphanie à son amie, crois-tu toujours à la science de cette femme qui n'a pas deviné le tour que nous venons de lui jouer... et auras-tu peur de connaître l'amour maintenant?

— Oh! non vraiment! répond Aline, et je n'ai qu'un regret, c'est d'avoir suivi jusqu'à vingt ans les conseils de madame Rotomago.

— Tiens, Aline, en fait de pronostics il faut s'en souvenir quand ils nous annoncent du bonheur, mais dans le cas contraire il vaut bien mieux les oublier.

LES GRISETTES.

Il y en a de jolies, de drôles, de piquantes, d'étourdies, de sentimentales, d'honnêtes, de sages même. Et pourquoi pas? Molière dit : Où la vertu va-t-elle se nicher! Mais il faut bien qu'elle se réfugie quelque part: elle est moins rare dans les mansardes que dans les boudoirs. Quand on n'a que cela pour tout trésor, on tient à le conserver.

Depuis le progrès des lumières, depuis que nous avons l'enseignement mutuel, enfin depuis que les plus pauvres ouvrières se gênent pour donner de l'éducation à leurs enfants, nous avons beaucoup moins de grisettes *proprement dites* que Paris n'en comptait autrefois.

La fille d'un portier ou d'une portière eu en pension; on lui donne des maîtres d'agrément. Elle se sent ou croit se sentir des dispositions pour le théâtre, elle parvient à entrer au Conservatoire. Sans avoir de talent, si elle est gentille, elle trouvera un monsieur qui la protégera, la mettra chez elle, lui donnera des chapeaux. Elle eût été une franche grisette, peut-être; au lieu de cela, elle se donne de grands airs qui ne lui vont pas, et des parures qui lui vont mal. Il n'y a rien de pis dans le monde qu'une position équivoque; abordez la question, sur près de vous l'on sache à quoi s'en tenir. Si vous êtes femme entretenue, tâchez de vous faire donner un carrosse, des diamants, on vous blâmera moins si vous faites fortune; si vous ne cherchez que le plaisir, restez grisette, vous serez moins gênée dans vos allures, moins roide dans votre corset, moins prétentieuse dans vos discours. Vous ne craindrez pas de vous compromettre au parterre du théâtre de la Gaieté, vous vous laisserez aller à toutes vos émotions; vous rirez ou vous pleurerez suivant que le tyran sera barbare, la princesse malheureuse, ou la scène facétieuse; vous lierez conversation avec le voisin, et s'il est gentil, s'il vous plaît, vous lui permettrez, pendant la durée du spectacle, d'appuyer son genou contre le vôtre, cela augmente encore les émotions que procure la pièce. Dans les entr'actes, si vous avez faim (mais vous aurez faim, une grisette a toujours envie de prendre quelque chose), vous sortirez, vous achèterez de la galette et des pommes, puis vous reviendrez manger cela au spectacle. Sentez-vous combien vous goûtez à la fois de jouissances; vous êtes au spectacle, vous y mettez à votre aise; la grisette ôte son bonnet et son peigne quand ils la gênent. Vous riez ou pleurez si vous en éprouvez l'envie, vous écoutez les propos d'un jeune homme qui est déjà brûlant d'amour pour vous; il vous donne de petits coups de genou que vous repoussez doucement, ou que vous ne repoussez pas. Enfin vous sortez à chaque entr'acte et c'est votre fantaisie, et vous mangez de la galette en écoutant la *Bouquetière des Champs Élysées*, ou en frémissant du *Sonneur de Saint-Paul*. Ah! tout cela vaut bien un cachemire, une toque, des plumes. Celles qui en portent ne s'amusent point comme vous!

En général, ce sont les ouvrières que l'on appelle grisettes; on peut cependant être ouvrière et ne point mériter cette qualification. Je ne reconnais plus pour une grisette l'ouvrière rangée, économe, qui, en sortant de son magasin, retourne vite chez sa mère, et qui le dimanche ne sort qu'avec ses parents. La grisette aime l'indépendance; elle a sa chambre, son *chez-soi*; elle est sage, tant qu'elle n'a pas rencontré le beau ou l'aimable jeune homme que son imagination a créé; elle est honnête, tant qu'elle reste fidèle à son amant. Mais elle ne veut pas qu'on lui fasse *des traits*, car alors elle se venge, et, une fois en train, elle ne s'arrête plus.

Assez souvent, à Paris, deux grisettes logent ensemble. Une seule chambre leur suffit : il y a toujours assez de place pour leurs meubles, et on paye le loyer à deux; c'est une économie, et les grisettes ont besoin d'être économes; ne les confondons pas avec les femmes entretenues.

Si vous n'avez pas eu quelques relations avec ces demoiselles, vous n'avez pas pénétré dans leur domicile, et cependant cela vaut la peine d'être vu. Une chambre habitée par deux grisettes est un séjour curieux et piquant pour un observateur : d'abord, l'ordre n'est pas, en général, une de leurs qualités habituelles. Et puis on sort de si bonne heure pour aller à son magasin, qu'on n'a guère le temps de faire son ménage, et le soir on a bien autre chose à penser!

Figurez-vous une petite chambre ornée d'un papier à treize sous le rouleau, qui est en grande partie décollé ou déchiré; point de rideaux à la fenêtre, mais une corde tendue devant, et toujours un jupon ou une chemise qui sèche, avec accompagnement de paires de bas.

Une couchette, quelquefois un lit de sangle également sans rideaux, un traversin, rarement des oreillers, c'est du luxe; une petite table de noyer, dont le tiroir ne peut plus ni se fermer ni s'ouvrir, et où l'on fourre cependant un peigne, de vieux gants, des couverts d'étain, une boîte de veilleuses, du papier à lettre, des plumes, du sel et du poivre, des bandes de feston, de vieux gants, des couteaux, de la pommade, des cure-dents, une brosse à souliers, des patrons de corsages, du cirage anglais et des pralines.

Quatre chaises, dont deux sont entièrement dépaillées; une autre a un pied cassé, et la dernière manque de dos.

Quelquefois une commode; mais alors les tiroirs n'ont plus de serrures; ce n'est plus qu'un meuble de confiance. Ordinairement les deux petits tiroirs du haut sont pleins de chiffons et de croûtes de pain; il y a une robe et deux mouchoirs dans celui de dessous : les deux autres sont vides.

La cheminée est toujours l'endroit le plus garni de la chambre : dans l'âtre est la batterie de cuisine : fourneau de terre, pot à l'eau, marmite, casserole de fer-blanc, trois ou quatre assiettes ébréchées, tout cela est entassé dans un coin, près de deux tisons qu'on souffle quelquefois, mais qu'on ne consume jamais.

Sur la partie supérieure sont les ornements. Un petit miroir qui danse dans sa bordure; deux tasses dépareillées, un chandelier, un bougeoir, des allumettes phosphoriques, avec le briquet de Fumade; enfin, les deux carafes bleues remplies de fleurs. Ceci est presque immanquable : les grisettes aiment les fleurs, elles se bornent pas aux plus rares; pourvu qu'elles aient de la giroflée ou du réséda, elles sont satisfaites, elles en fourrent des paquets dans leurs carafes; il faut que cela dure toute la semaine, et que cela sente bon, quand même.

Ensuite il y a deux ou trois volumes de romans et quelques pièces de théâtre qui traînent sur les chaises, le lit ou la commode; il y a une ou deux paires de savates jetées négligemment ça et là; un vieux jupon, un bonnet de nuit, un fichu, sont étalés au hasard sur les meubles, un restant de pain et de fromage orne la table, et des papillotes en papier brouillard sont éparses sur le carreau. Enfin, un chat se promène au milieu de tout cela, se roulant tantôt sur les cendres, tantôt sur le lit, jouant avec un volume ou avec le morceau de fromage : on voit que c'est presque lui le maître du logis.

Ne croyez pas qu'une chambre si pauvrement garnie soit un triste séjour; le matin on chante des airs ou les yeux ouverts. La première éveillée fait des niches à l'autre pour qu'elle ne dorme plus; celle-ci murmure, gronde en disant entre ses dents:

— Laisse-moi donc dormir. Mais le moyen?... On lui passe une plume sur les lèvres, on chatouille son nez avec une allumette, on chante à ses oreilles, ou la pousse, on la pince, et on rit aux éclats. Il faut bien que la dormeuse s'éveille. Alors on commence à se raconter tout ce qu'on a fait la veille.

— Ernest était bien aimable hier; il avait un col noir qui lui va très-bien... Es-tu comme moi? je raffole des cols noirs, ça donne quelque chose de mâle à un homme.

— Ce que j'aime, moi, c'est un pantalon à sous-pieds... ça dessine un cavalier qui est bien fait. J'ai signifié à Polyte que je voulais qu'il en eût un pour dimanche.

— Dis donc, le commis du magasin en face m'a encore suivie hier, il m'a même parlé; il veut absolument me mener dîner, me mener à l'Opéra. Je ne sais pas où il me mènerait si je l'écoutais.

— Et tu ne l'écoutes pas?

— Non, certainement, ma chère, j'aime trop mon Ernest!... O Dieu! mon petit Ernest, que je t'aime! c'est du délire que j'ai pour toi... Et puis le commis d'en face est trop laid, il louche, et il se met comme un provincial... Es-tu comme moi? c'est la mise qui me séduit.

— Moi, je veux que M. Polyte me mène cette semaine chez Franconi... Ah! ma chère, c'est mon spectacle favori... c'est là qu'ils ont des pantalons collants!

— Et les chevaux donc?

— Ah! ce n'est pas les chevaux que je regarde... Dieu! huit heures viennent de sonner, et nous ne sommes pas habillées... Nous allons avoir notre danse au magasin.

— Et dire cependant qu'il y a des femmes assez heureuses pour dormir jusqu'à midi si ça leur plaît!... Ah! quand je pense à ça!... Faut que je mette à la caisse d'épargne pour devenir riche.

— Ah ! bah ! moi, je ne suis pas ambitieuse, pourvu que ma robe soit sèche pour dimanche... Eh ben ! je ne trouve plus qu'un bas à présent ; hier au soir j'avais deux bas, cependant.
— Tiens, c'est Moumoutte qui l'a pris pour jouer.
— Eh ! la vilaine chatte, elle prend tout, elle a balayé la chambre avec ; c'est amusant. Hier c'était une collerette, aujourd'hui c'est mon bas... La, voyez-vous ? elle a fait des trous avec ses griffes....
— C'est au talon, tu fourreras ça dans le soulier... Qu'est-ce que nous déjeunerons ce matin ? du fromage d'Italie, veux-tu ?
— Ah ! ma foi, non, j'en suis lasse, de ton fromage d'Italie J'aurais bien envie de manger du chocolat... As-tu de l'argent ?
— J'ai encore quinze sous.
— Nous en achèterons deux petites tablettes à trois sous chez l'épicier... Avec un petit pain, on croque ça, c'est délicieux pour l'estomac.
— Dépêchons-nous, il est tard.
— Et notre lit qui n'est pas fait !
— Ah ! tant pis ! nous le ferons ce soir.
— Et la chambre n'est pas rangée.
— C'est assez bien pour le chat : nous la ferons à fond dimanche... Je mettrai en couleur, et tu frotteras.

Et ces demoiselles se sauvent en fredonnant un couplet du dernier vaudeville du Gymnase (les grisettes aiment beaucoup le Gymnase) ; elles vont à leur magasin sur la pointe du pied et en riant au nez des passants, dont la figure leur paraît comique. Les grisettes sont essentiellement moqueuses, ce qui ne les empêche pas d'être compatissantes, généreuses ; elles donneront leur déjeuner et tout ce qu'elles ont dans leur poche à une pauvre femme qui viendra leur dire qu'elle n'a pas de pain à donner à ses enfants, et pendant toute la semaine, au lieu de croquer du chocolat, elles déjeuneront avec une flûte et de l'eau ; mais elles n'en seront pas plus tristes, et surtout pas plus vaines. Ce qu'elles oublieront le plus vite, c'est le bien qu'elles ont fait.

Le dimanche est leur grand jour. En hiver, il faut qu'elles aillent au spectacle, en été, qu'elles dansent. Quand elles ont un amant, il doit nécessairement les mener à quelque bal intra ou extra muros ; quand elles n'en ont pas, elles veulent faire des conquêtes, ne fût-ce que pour s'en amuser ou en tirer vanité avec leurs amies. Mais le plus grand bonheur que puisse éprouver une grisette, c'est de faire la conquête d'un acteur ; car, aux yeux de ces demoiselles, un acteur n'est pas un homme ordinaire, un homme comme un autre ; c'est un demi-dieu, ou plutôt c'est un dieu tout entier, et l'on excite pendant longtemps l'envie de ses compagnes, quand on a été aimée de Jean Sbogard ou de l'Homme à trois visages.

Après cela, si vous avez connu deux ou trois grisettes, vous les connaissez toutes. Il y a bien peu de nuances à établir entre celles qui vont à l'Ermitage et celles qui préfèrent la montagne de Belleville ; entre les jeunes ouvrières du faubourg Saint-Denis et celles de la rue Saint-Antoine. La coquetterie et la gourmandise, voilà toujours le pivot sur lequel elles tournent. Attaquez leur vanité et leur appétit, c'est le moyen de réussir près d'elles : soyez bien mis, et bourrez-les de gâteaux, il est bien rare qu'elles résistent à un jeune homme qui a sur lui des gants glacés et des brioches.

Quelquefois vous serez aimé très-sérieusement, aimé à la fureur, vous ne pouvez plus vous débarrasser de votre grisette ; elle vendra ses effets si vous n'avez plus d'argent ; elle consentira à passer le dimanche avec vous dans sa chambre quand vous ne pourrez plus la mener au spectacle. Mais de tels cas sont rares, les exceptions sont toujours à l'appui des règles. En général, les grisettes cèdent à l'impulsion du plaisir, rarement aux calculs de l'intérêt. Avec elles un jeune et joli garçon pauvre obtiendra la préférence sur un homme riche et laid. Moi, je place les grisettes infiniment au-dessus des femmes entretenues.

LE LUTIN.

A vingt et quelques lieues de Paris s'élevait la ferme de Gros-Thomas.

C'était une délicieuse demeure pour jouir de tous les charmes de la vie champêtre ; c'était une douce retraite pour quiconque avait assez usé des plaisirs bruyants de la ville, et désirait se contenter de ceux qu'offre la nature. Située au milieu d'une belle vallée, entourée de gras pâturages, la ferme, grande, belle et bien tenue, annonçait l'aisance du propriétaire ; les jardins fournissaient avec abondance des légumes et des fruits ; les cours étaient peuplées de volatils, les greniers pourvus de réserves pour les mauvaises saisons, et le gibier ne manquait pas dans les environs.

Aussi chacun enviait-il le sort de Gros-Thomas, le fermier, de Gros-Thomas qui n'avait que quarante ans, qui était célibataire, riche, et n'avait pas la goutte. Toutes les villageoises lui souriaient du plus loin qu'elles l'apercevaient ; tous les hommes lui tendaient la main, toutes les mamans lui faisaient des politesses.

Et pourtant Gros-Thomas devenait triste, morose : depuis quelque temps il ne semblait point heureux ; il buvait peu, fumait moins, mais en revanche grondait beaucoup tous ceux qui l'entouraient, et presque toujours sans motif, sans raison.

Et d'abord, je dois vous dire que dans la ferme demeurait, avec Gros-Thomas, la vieille Déborah, femme très-crédule, très-superstitieuse, mais très-attachée au fermier, qu'elle regardait comme son fils, parce qu'elle avait eu envie de le nourrir ; ce qui cependant lui aurait été difficile, vu qu'elle avait eu seulement envie d'avoir des enfants, et que ce souhait ne s'était jamais réalisé.

Il y avait ensuite à la ferme Bertrand, grand garçon fort simple, qui servait souvent mal, mais servait avec zèle, qui n'avait ni esprit, ni jugement, ni imagination, mais remplaçait tout cela par des bras forts, robustes, vigoureux ; à la campagne on préfère cela à l'esprit ; et il est bien certain que pour bêcher la terre, remuer le sol, planter, arroser, sarcler, de l'imagination ne suffirait pas.

Il y avait encore Raymond, jeune et gentil paysan, rempli d'intelligence et de malice, et dont la figure annonçait autant d'esprit que celle de son camarade Bertrand dénotait de stupidité.

Enfin il y avait... et c'était là le plus intéressant, une jolie fille de seize ans, fraîche, jolie et pleine de grâces. Je n'ai pas besoin de vous dire que ses grâces étaient naturelles ; elle n'avait jamais habité que les champs : où aurait-elle pris des leçons de coquetterie ? Vous me direz peut-être que c'est une science que les femmes possèdent en naissant, et qui se développe chez elles à l'âge où vient le désir de plaire. S'il en est ainsi, nous aurions grand tort d'appeler défaut ce qui serait au contraire un don de la nature.

Cette jolie fille se nommait Adolphine ; elle était orpheline, et le fermier se trouvait être en même temps son maître et son tuteur ; il était peut-être encore autre chose, c'est ce que vous apprendra la suite de cette histoire.

Il y avait bien encore plusieurs domestiques, garçons de labour, valets d'écurie, servantes, etc. ; mais nous n'avons pas besoin de faire avec eux plus intime connaissance, cela nous mènerait trop loin.

Ce n'était que depuis un an que la jolie Adolphine était venue habiter à la ferme. Avant son arrivée, Gros-Thomas passait son temps à boire, rire, chanter et chasser ; sa figure, toujours riante, semblait défier la mélancolie, et tous ses voisins le citaient comme un gai compagnon, comme un véritable boute-en-train. Qui donc avait pu changer l'humeur du fermier ? Vous le devinez sans peine : ce sentiment qui produit tant de métamorphoses, qui confond les rangs, rapproche les distances, qui, parfois, adoucit le caractère le plus altier et rend timides les plus braves, les plus audacieux ; qui quelquefois donne de l'esprit à la sottise, et plus souvent fait faire des sottises aux gens d'esprit ; qui a fait Apollon berger, Jupiter taureau, cygne, pluie d'or ; qui mit Antoine aux pieds de Cléopâtre, Samson aux genoux de Dalila, Hercule aux pieds d'Omphale ; sentiment que ne connut jamais, dit-on, l'empereur Henri II, lequel avait fait vœu de chasteté avec sa femme Cunégonde, et celle-ci, étant accusée plus tard d'adultère, prouva son innocence en maniant un fer ardent sans se brûler.

Je ne sais pas pourquoi maintenant les dames dont on ose soupçonner la vertu n'emploient pas le même moyen pour confondre les calomniateurs, d'autant plus que l'on a trouvé de nos jours un onguent qui rend la peau incombustible.

C'est ce même empereur Henri II qui dit en mourant aux parents de sa femme :
— Vous me l'avez donnée vierge, je vous la rends vierge.

Si tous les maris en disaient autant à leurs beaux-pères en belles-mères, je ne sais pas si cela ferait grand plaisir aux mariées. Certainement ce n'est pas ainsi que l'on obéirait aux paroles de l'Écriture : *Croissez et multipliez.*

Rassurez-vous, jeunes mariées, les Henri II sont rares, ce qui est fort heureux pour la population.

Mais tout ceci nous éloigne beaucoup de Gros-Thomas, c'est que nous en étions au chapitre de l'amour, et ce chapitre-là est inépuisable, quoiqu'on l'ait traité bien souvent ; l'amour ne passe jamais de mode, l'amour est de tous les temps, de tous les lieux, de tous les pays ; on fait l'amour dans toutes les langues, à toutes les heures, dans toutes les saisons. Trouvez-moi quelque chose qui se soit fait autant, qui se fasse plus, qui se fera davantage !... Vous aurez beau chercher, vous ne trouverez pas. Bien certainement on nous a mis sur terre pour faire l'amour, et ceux qui ne le font pas doivent avoir de bien fortes raisons pour cela.

L'amour, donc, qui pénètre partout, était entré dans le cœur du fermier, qui, jusqu'alors, s'était permis de rire de ce sentiment, parce que seulement il n'avait pas dans son jardin la statue du petit dieu sur laquelle sont écrits ces vers :

L'enfant ailé que l'univers adore
Nous donne à tous cet ordre souverain
Aimez demain si vous n'aimez encore ;
Si vous aimez, aimez encor demain.

Gros-Thomas enfin s'est senti tout autre depuis qu'il a vu Adolphine.

Les grâces, les attraits, la gentillesse de la petite fille ont eu plus de pouvoir que toutes les agaceries des plus riches paysannes et fermières des environs : il en était devenu amoureux, et pendant fort longtemps n'avait pas voulu se l'avouer à lui-même.

Ce sont cependant de ces confidences qu'il faut toujours finir par se faire. Gros-Thomas se dit plusieurs fois : « J'ai tort, j'ai grand tort, il est temps que je devienne un fou tel qui n'en a que seize. Je suis un sot, un fou, un imbécile. Je ferais bien mieux de rester garçon... Le mariage est une chose excellente, mais quand on a goûté une fois d'une chose excellente, il est fort sage de n'y plus revenir, de crainte de la trouver moins bonne. »

Après s'être répété cela pendant plusieurs semaines, Gros-Thomas s'aperçut que, loin de diminuer, son amour ne faisait que croître. Il ne mangeait plus, ne buvait plus, ne dormait plus. Alors il se fit un autre raisonnement, car nous avons toujours une foule de raisons à nous donner à nous-mêmes pour nous prouver que nous n'avons pas tort de céder à nos passions, de satisfaire nos désirs.

Gros-Thomas se dit donc cette fois :

— Après tout, puisque cette jeune fille me plaît, puisque décidément j'en suis amoureux, je serais bien plus sot, bien plus fou de ne point l'épouser. Je suis riche, je suis libre de faire tout ce qui me convient. Que m'importe ce que diront mes voisins, mes voisines ? J'ai lu dans la Fontaine une fable intitulée : *Le Meunier, son Fils et l'Ane.* La morale de cette fable est : *On ne peut contenter tout le monde et son père.*

Eh bien ! je vas tâcher de me contenter d'abord.

Gros-Thomas raisonnait aussi profondément que *Matthieu Laensberg* et mademoiselle Lenormand.

Le fermier, ayant décidément pris la résolution d'épouser Adolphine, pensa qu'il pouvait se permettre de lui faire la cour, et qu'il était naturel de s'occuper à lui plaire.

Il aurait probablement dû commencer par là avant d'être si longtemps à se décider pour savoir s'il épouserait ou n'épouserait pas ; car, pendant que Gros-Thomas délibérait avec lui-même, afin de décider s'il devait ou non se permettre d'être amoureux, un autre éprouvait aussi de l'amour pour la séduisante Adolphine, et celui-là, loin d'hésiter à faire sa cour, avait sur-le-champ laissé connaître à la jolie servante le tendre sentiment qu'elle lui inspirait. C'est comme cela qu'il faut agir près des femmes ; le temps que l'on perd ne se retrouve jamais ; le cœur d'une belle ressemble beaucoup à une citadelle, il faut le prendre d'assaut et ne point lui laisser le temps de se mettre en défense. Je demande pardon à ces dames d'oser comparer leur cœur à une place *forte* ; quelques-unes, sans doute, trouveront que ma comparaison est fausse.

Cet autre, qui aimait Adolphine, était Raymond, le garçon de ferme dont chacun citait l'intelligence et la gentillesse.

Il avait vingt-quatre ans, des yeux bien doux, une voix bien touchante, une taille bien prise. Pour une jeune fille, cela vaut mieux que des sacs d'écus. Ces demoiselles ne songent jamais à la caisse d'épargne.

Il y a un moment dans la vie où l'argent n'est rien à nos yeux ; c'est celui où l'on est véritablement amoureux. Ce moment passe vite et revient rarement.

Adolphine avait compris le langage des yeux de Raymond, et les siens avaient appris au jeune homme que son amour ne déplaisait pas ; on aime à se trouver près des personnes qui nous plaisent, Adolphine et Raymond se retrouvaient à chaque instant de la journée ; le jeune garçon venait travailler à côté de la jolie fille, ou l'aider dans ses occupations. Dès que l'on apercevait Adolphine, on pouvait être assuré que Raymond n'était pas loin. C'est alors que le fermier Gros-Thomas voulut déclarer son amour à Adolphine ; mais la présence continuelle du jeune garçon de ferme ne tarda pas à éveiller sa jalousie ; il épia, il surprit quelques regards, quelques douces paroles ; il en vit assez pour comprendre que la jeune fille ne l'écouterait pas tant que Raymond serait là.

Mais comment renvoyer un garçon laborieux, fidèle et intelligent, dont on n'avait point à se plaindre ? Gros-Thomas ne voulait pas laisser voir qu'il était jaloux ; il fallait tâcher de dégoûter Raymond du service de la ferme ; on lui donna les travaux les plus rudes, on le chargea de la besogne la plus difficile. Raymond travaillait sans murmurer ; un regard d'Adolphine lui faisait oublier peines et fatigues.

Gros-Thomas, ne réussissant pas par ce moyen, s'imagina de mettre le pauvre Raymond à un régime sévère. L'ordre observé à la ferme fut tout à coup changé ; les heures des repas étaient toujours celles où le pauvre Raymond était absent, et lorsqu'il revenait, il fallait qu'il se contentât de ce que son maître avait laissé pour lui ; une nourriture chétive, de l'eau claire, remplaçait le bœuf et la soupe aux choux. Le pauvre Raymond soupirait et n'osait se plaindre ; mais la gentille Adolphine ne voulait pas que son amoureux devînt maigre, et elle cherchait en elle-même par quel moyen on pourrait réparer les injustices du fermier.

Bientôt un bruit étrange se répandit dans la ferme, on se dit qu'il s'y passait des choses surnaturelles, que des lutins, des fantômes s'y donnaient rendez-vous aussitôt que l'horloge du village voisin avait sonné minuit. Les paysans sont superstitieux ; la terreur ne tarda pas à faire de rapides progrès ; on ne savait pas encore au juste de quoi l'on avait peur ; mais on commençait à trembler d la nuit venait.

Gros-Thomas fit venir devant lui Déborah, Bertrand, Raymo et Adolphine ; il questionna ses serviteurs.

— Que signifie cette crainte qui vous domine maintenant ? dit le fermier à ses valets ; que se passe-t-il de nouveau dans ma maison ? de quoi avez-vous peur ?

— D'un lutin, dit la vieille Déborah, qui se promène toutes les nuits dans la ferme.

— L'avez-vous vu ?

— Moi, je l'ai vu, dit Bertrand, c'est un grand fantôme... tout blanc... il rôde toujours dans les environs du cellier.

— Pourquoi ne l'as-tu pas arrêté ?

— Arrêter un fantôme !... Ah ben ! par exemple !... il m'aurait entraîné au fond de l'enfer avec lui.

— Et vous, Raymond ? dit Gros-Thomas en se tournant vers le jeune garçon de ferme, avez-vous aperçu le lutin ?

— Oui, notre maître, répondit Raymond avec vivacité, je l'ai aperçu plusieurs fois... il est tout rouge et tout noir ; j'ai essayé de le suivre, mais en se tournant vers moi, il m'a fait des grimaces si horribles que cela m'a ôté la force de marcher...

Gros-Thomas s'adressa alors à Adolphine en lui demandant aussi si elle avait vu le lutin.

— Oui, sans doute, dit la jeune fille ; une nuit que je ne dormais pas, entendant du bruit dans le corridor près de ma chambre, j'eus la curiosité de me lever pour aller voir ce que c'était... Ah ! je fus bien punie de ma témérité... et je jure bien que je ne recommencerai plus !

— Qu'avez-vous donc vu ? dit la vieille Déborah en se serrant tout contre Bertrand.

— Quelque chose d'affreux... un grand spectre... qui était si haut que sa tête touchait le plafond ; il avait de gros yeux tout flamboyants... un nez crochu comme une faucille, une bouche dans laquelle il y avait au moins une centaine de grandes dents ; puis, des pattes d'ours, des bras de singe et une queue de renard.

Le fermier ne jugea pas à propos de pousser plus loin son interrogatoire, car chaque récit faisant la boule de neige, la terreur de ses serviteurs prenait encore plus d'extension.

Gros-Thomas feignit de croire aussi au lutin, il se coucha de meilleure heure, s'enferma dans sa chambre, et permit à tous ses valets d'en faire autant.

Le lutin avait donc pleine liberté de parcourir la ferme ; car dit que la nuit était venue, loin de lui disputer le passage, on s'empressait de lui faire place, et on le laissait maître d'aller et de venir de la cave au grenier.

En général, on a beaucoup de respect pour les fantômes, les farfadets, les lutins, &c. ; au lieu de chercher à les combattre, on les fuit et on les laisse maîtres du champ de bataille ; il est étonnant que les lutins ne se multiplient pas beaucoup plus : mais, voyez comme tout est bizarre dans ce monde, et même dans l'autre : lorsqu'il y avait une jurisprudence établie contre les sorciers, les magiciens, les farfadets ; lorsqu'une chambre ardente était chargée de les poursuivre, lorsqu'on leur faisait faire amende honorable les pieds nus et la corde au cou ; enfin, lorsqu'on les rôtissait tout vifs, il y avait une grande quantité de sorciers, on en trouvait partout, aux champs, à la ville, parmi les bergers, les grands seigneurs, les hommes du monde. Maintenant on les laisse fort tranquilles, et on n'en voit plus.

Tout passe, tout est du monde, tout est usage. Enée est allé consulter la sibylle de Cumes ; le roi Saül interrogeait la pythonisse d'Endor ; sous Louis XIV, les femmes de qualité consultaient la Voisin ; il n'y a pas encore fort longtemps, on courait chez mademoiselle Lenormand : maintenant, on ne court plus qu'aux spectacles, aux bals et aux concerts ; on ne veut plus s'amuser à se faire peur. Autre temps, autres soins.

Revenons au lutin de la ferme ; c'était principalement du côté du cellier que le fantôme portait ses pas. Ce cellier servait aussi de réserve ; on y déposait les provisions courantes, le gibier, les légumes, les fruits, et tout ce qui devait être réservé sur la table du maître.

Gros-Thomas avait remarqué la préférence que le lutin accordait à son cellier, et il trouvait que, pour un personnage de l'autre monde, celui-ci se conduisait comme un voleur ordinaire.

Après avoir laissé au fantôme pleine et entière confiance, nuit, Gros-Thomas, qui ne s'était pas couché, sortit de sa chambre après s'être armé de son grand sabre et avoir pris une lanterne sourd

Le fermier marchait en ayant soin de ne faire aucun bru il se rendit d'abord près de la vieille Déborah, et la fit lever en disant :

— Suivez-moi !

— Et pourquoi faire ? s'écria la bonne femme en s'empressant de croiser sa camisole sur son sein, ce qui était assez inutile, vu qu'elle n'avait rien à cacher ; mais c'était probablement un mouvement naturel chez la vieille servante.

— Vous le verrez, Déborah ; venez, hâtez-vous... il s'agit de surprendre le lutin.

— Le lutin ! s'écrie la vieille, et cette fois elle porte ses mains sur une partie plus charnue de son individu, comme si elle eût craint que le diable ne cherchât à s'emparer d'elle par ce côté.

— Le lutin! Jésus Maria! Mais je n'ai pas du tout envie de surprendre le moindre démon, je suis trop faible pour lutter avec lui, il m'aurait bien vite vaincue... Allez sans moi, mon cher maître, je vais prier pour vous, c'est tout ce que je puis faire.

Pour toute réponse, Gros-Thomas prend Déborah par le bras, et la fait descendre un peu rudement à bas de son lit. La vieille jette les hauts cris parce qu'elle n'a qu'une chemise et une camisole; mais son maître la pousse devant lui, en lui disant que le lutin ne vient pas à la ferme pour une vieille femme, et qu'elle n'aurait rien à craindre, lors même qu'elle se présenterait en sauvage, qu'au contraire, ce serait peut-être un excellent moyen pour mettre en fuite le démon.

Et Gros-Thomas, qui, pour un paysan, connaissait parfaitement son la Fontaine, avait envie de citer à Déborah l'histoire du diable de Papefiguière. Mais il n'en fit rien, et la vieille étant enfin prête à le suivre, il se rendit avec elle auprès de Bertrand.

La grisette espère trouver un gros monsieur qui la protégera.

Là, le fermier trouva encore plus de difficultés à vaincre.

— Pourquoi que vous voulez que je me levions? dit Bertrand.

— Pour venir avec moi surprendre ce maudit lutin qui met l'effroi dans ma ferme.

— Attendez le jour, monsieur, je ne suis pas en état de rien surprendre la nuit.

— Allons, Bertrand, prends une arme et suis-nous.

— Une arme!... vous voulez donc que je me batte aussi?

— C'est par précaution, j'ai dans l'idée que notre lutin est de chair et d'os comme les simples mortels.

— Qu'il soit de tout ce qu'il voudra, je ne veux pas me battre la nuit... le jour encore passe... en plein midi, au soleil, on voit où l'on vise au moins.

— Bertrand, lève-toi, ou, si tu ne veux pas venir, je te rosse.

En disant ces mots, Gros-Thomas a pris son valet par une oreille. Alors Bertrand se décide à se lever, puis il va chercher un grand couteau, une serpette, un marteau, un tournebroche, et un vieux fusil qu'il aurait été fort embarrassé pour faire partir, vu que depuis longtemps il n'avait plus de chien.

Le fermier éveille encore quelques autres valets; il leur ordonne à tous de le suivre, en marchant avec précaution et de manière à ne pas faire de bruit. Gros-Thomas voulait surprendre le lutin.

Le cortège se mit en route. Le fermier dirigeait sa troupe du côté du cellier; la troupe tremblait tellement, que parfois elle ne voulait plus avancer.

Tout d'un coup Bertrand poussa un grand cri, tout le monde s'arrêta.

— Qu'y a-t-il? demanda le fermier.

— Je n'en sais rien, dit Bertrand, mais à coup sûr il m'est passé quelque chose entre les jambes.

— Et à moi aussi.

— Et à moi aussi, disent les valets.

— Vous êtes tous des poltrons, dit Gros-Thomas; ne croyez-vous pas que le lutin que nous allons surprendre a pu passer entre vos jambes?

— Pourquoi pas?

— Les démons, les esprits, ça se fait aussi petit que ça veut.

— Il y en a même qui entrent dans le corps.

— Ne crains rien, imbécile, il n'en entrera jamais dans le tien.

En ce moment, un gros chat noir traversa de nouveau le couloir en passant à travers le cortége.

— Tiens! c'était Mimi, dit Bertrand.

— Et voilà ce qui vous a fait peur, sots que vous êtes! Allons, en marche! et qu'on ne souffle plus mot.

On se remet en route. En approchant du cellier on aperçut une faible clarté, et on entendit du bruit.

Ce bruit ressemblait beaucoup à des baisers donnés et reçus.

Tous les valets se mirent à rire.

Gros-Thomas devint rouge comme une cerise, mais il recommanda encore le silence. Il voulait surprendre son monde.

On était contre le cellier, lorsque Bertrand se permit d'éternuer. Aussitôt la lumière que l'on avait aperçue de loin s'éteignit complétement.

Le fermier, furieux de la maladresse de son valet, marche aussitôt en avant, et tenant sa lanterne élevée au-dessus de sa tête, il arriva dans le cellier. Là, il vit sur une table les débris d'un repas copieux; enfin, un peu plus loin il aperçut quelque chose de blanc qui se tenait blotti dans un coin près d'une porte.

Il marcha bravement vers ce quelque chose; c'était une jeune fille, c'était la gentille Adolphine.

La petite paysanne se troubla, et ne sut que répondre lorsque son maître lui demanda ce qu'elle faisait là; et Gros-Thomas eut beaucoup de peine à lui faire quitter la place qu'elle occupait; il y parvint cependant, et pénétrant alors dans un petit caveau dont la jolie servante semblait vouloir défendre l'entrée, il s'écria :

— Je tiens mon lutin.

A ces paroles tous les serviteurs tremblèrent de plus belle, et furent sur le point de se sauver; mais leur terreur cessa quand ils virent leur maître ramener le fantôme en le tenant par l'oreille. Lorsqu'un lutin se laisse traiter ainsi, il doit avoir cessé d'être dangereux. Ou ce n'est pas un lutin, ou il ne se laisserait pas arrêter!

Comprenez-vous ces sorciers, ces magiciens, qui se laissent tranquillement conduire au bûcher et rôtir en place de Grève?

C'est bien la peine d'avoir des intelligences avec le diable pour se laisser traiter comme un obscur criminel!

Nos paysans, qui n'avaient point l'instruction des juges présidant à la chambre ardente, comprirent pourtant cela tout de suite. En fait de justice, il ne faudrait souvent que du bon sens.

Gros-Thomas étant parvenu à arracher le drap et le bonnet qui cachaient les traits du fantôme, on reconnut Raymond, qui tomba aux genoux du fermier, tandis qu'Adolphine en faisait autant de son côté.

— C'est Raymond! s'écrièrent tous les gens de la ferme.

— Et pardieu, dit Gros-Thomas, il y a longtemps que je m'en doutais, et je lui ai laissé quelques jours de sécurité afin de le surprendre ensuite plus facilement. Ah! mademoiselle Adolphine... vous venez souper avec le lutin!

— Dame, noï maître, dit la jeune fille, je lui donnais à manger la nuit, depuis que vous le mettiez au régime du jour.

Gros-Thomas comprit la leçon; il pensa qu'il aurait tort de se fâcher; d'ailleurs, le souvenir de certain bruit qu'il avait entendu lui faisait présumer que les deux amants ne se réunissaient point que pour souper. Il maria Adolphine à Raymond, cela valait mieux que de faire lui-même un sot mariage, qui ne l'eût pas rendu heureux.

Et en cessant d'être amoureux il ne tarda pas à recouvrer son appétit, sa gaieté, sa santé, sa bonne humeur.

Et par là, je n'entends pas dire que l'amour soit une passion qui ne cause que du mal... non, vraiment, l'amour est une chose excellente... lorsqu'il est partagé.

LA JOURNÉE D'UN HOMME DE LETTRES.

Il y a des personnes qui se figurent que la carrière d'un homme de lettres est toute semée de roses, de lauriers et de plaisirs; mais avant d'avoir cette réputation à laquelle aspire celui qui se sent animé d'une véritable vocation, que de dégoûts, d'ennuis, de peines, de travaux et de pas perdus! que d'injustices à supporter, de petites intrigues à combattre, de lourdes critiques à dédaigner! Puis, lorsque vous êtes arrivé à une position honorable, que les succès récompensent vos travaux, que les suffrages du public vous dédommagent des grossières injures de quelques envieux, n'allez pas croire que vos jours s'écouleront dans une douce quiétude, que vous pourrez tout à votre aise, au fond de votre cabinet, vous livrer à vos pensées, à ces travaux qui font le charme de votre existence : non vraiment; on ne vous laissera pas suivre en paix la carrière où vous êtes entré. Si mille désappointements attendent les réputations qui commencent, des nuées de fâcheux, d'ennuyeux, d'importuns, d'intrigants, de sots, de niais, s'attachent aux réputations bien établies. L'homme qu'un peu de renommée environne, les entend sans cesse bourdonner autour de lui, comme les frelons bourdonnent autour de la fleur dont ils convoitent le suc.

Un auteur a-t-il quelque succès, chaque jour il voit arriver chez lui des gens qui lui sont inconnus, pour lui proposer des collaborations. Ces gens-là font quelquefois des cuirs en expliquant leur sujet, ou bien ils écrivent leurs pièces avec l'orthographe de M. Marle. Ils s'éloignent de fort mauvaise humeur, parce que vous refusez de travailler avec eux, et ils vont crier partout que vous leur avez volé leurs idées.

Visite d'un moutard de lettres à un homme de lettres.

Puis arrivent les albums! Un homme qui a quelque réputation est toujours certain en rentrant chez lui de trouver à son adresse des albums que l'on a déposés chez son concierge.

L'album est la bête noire de l'homme de lettres et de tout artiste à réputation. L'album le poursuit sans cesse, à la ville, à la campagne, au fond de son cabinet ou de son atelier; des gens que l'on n'a jamais vus, dont on ne sait pas même le nom, ne craignent pas de vous envoyer leur album avec une petite lettre sur papier ambré, dans laquelle on vous met au-dessus des plus grands hommes passés et même à venir, et tout cela pour obtenir de vous ou quelques lignes, ou un dessin, ou des vers, ou une aquarelle.

Si vous ne satisfaites pas bien vite l'impatience des demandeurs, ils vous écriront tous les jours en vous priant de vouloir bien penser à leur album, qu'ils vous recommandent de leur renvoyer, car ils ne peuvent même pas prendre la peine de venir le chercher.

Pour ne plus recevoir de lettres, vous cédez à l'importunité ; vous inscrivez quelque chose sur l'album, puis vous le renvoyez par un commissionnaire.

On vous fait mille et mille remerciments en recevant l'album, mais on ne paye pas le commissionnaire, et c'est vous que cela regarde, pour avoir perdu votre temps et fait une galanterie à quelqu'un que vous ne connaissez pas.

Je connais un auteur de beaucoup d'esprit qui a pris le sage parti de mettre régulièrement la même chose dans tous les albums qu'on lui envoie.

Pénétrez un moment avec nous dans le cabinet d'un de nos auteurs à réputation. Allons de préférence chez un homme de lettres marié; car si l'hymen est un lien charmant, les tracas du ménage ne s'accordent pas toujours avec les égards que l'on doit aux muses, et la voix d'un enfant qui pleure ou d'une femme qui crie fait bien vite descendre les favoris d'Apollon des régions célestes en leur rappelant qu'ils ne sont que de simples mortels.

M. G... est un homme de mérite; il a une jolie femme et deux enfants qu'il aime beaucoup. Suivons-le dans son cabinet, où il entre sur les onze heures du matin.

M. G... *s'asseyant devant son bureau.* — Ah!... maintenant travaillons... Je me sens en train, aujourd'hui... *(Il regarde une pendule.)*

Déjà onze heures... nous avons déjeuné trop tard... J'ai dit vingt fois à ma femme que je voulais être à dix heures dans mon cabinet; mais les femmes ne comprennent pas que lorsqu'on a la tête pleine d'un sujet, l'imagination montée, il faille pour cela avancer ou reculer l'heure du repas. Quand la mienne a dit : « Mon ami, le dîner est prêt... ou, le déjeuner t'attend, » il faut absolument que je me rende à l'invitation, sans quoi on assiège mon cabinet; et puis ce sont des humeurs, des murmures... et moi qui aime la paix, je préfère céder tout de suite. *(Il prend un manuscrit qu'il aperçoit sur son bureau.)* Qu'est-ce que c'est que ça?... Je ne connais pas cette écriture-là... encore quelque manuscrit qu'on m'aura apporté, et que ma femme aura reçu pendant que j'étais absent... J'ai pourtant dit que je n'en voulais recevoir aucun... C'est étonnant comme on m'écoute ici... *(Feuilletant le manuscrit.)* Quelle écriture!... Ces auteurs-là devraient au moins apprendre à écrire lisiblement... Quel genre d'ouvrage est-ce? *(Il lit le titre.) Le Grand Turc amoureux, ou Poison, poignard et lacet.* C'est joli, cela promet!... Drame en cinq actes, avec deux prologues... Cela doit être curieux. *(Il remet le manuscrit dans un coin de son bureau.)* Comme ce serait agréable de passer deux ou trois heures à déchiffrer cela!... Si l'on recevait tous les manuscrits qu'on vous apporte, alors, au lieu de travailler pour soi, il faudrait passer son temps à voir les ouvrages des autres! Je gronderai sérieusement ma femme d'avoir reçu ce manuscrit. Voyons mon petit poëme sur le BONHEUR DOMESTIQUE. Eh bien!... où est donc mon manuscrit?... La... on a touché à mon bureau, et on a bouleversé mes papiers... C'est insoutenable... *(Il appelle.)* Constance!... Constance!...

MADAME G... *arrivant en peignoir, et avec un joli petit bonnet.* — Que veux-tu, mon ami?

M. G... — Tu as bouleversé mes papiers sur mon bureau.

MADAME G... — Moi... Ah! par exemple! est-ce que j'ai affaire à ton bureau?

M. G... — Alors, c'est donc la bonne... On a dérangé mes plumes... mes canifs... Quelque jour on me prendra un papier important... un chapitre, une scène, pour flamber la volaille ou se mettre des papillotes. *(Criant.)* Encore une fois, je ne veux pas que l'on touche rien sur mon bureau!

— C'est à M. G..., homme de lettres, que j'ai l'honneur de parler?

MADAME G... — Eh! mon Dieu! c'est bien, on n'y touchera pas... Ce n'est pas la peine de crier déjà... Tiens, comment trouves-tu ce bonnet qu'on vient de m'apporter?...

M. G... *fouillant toujours dans ses cartons.* — Où diable est mon poëme?... Je l'avais laissé là bien...

MADAME G... — N'est-ce pas qu'il me va bien?

M. G... — On a pris tous mes pains à cacheter... Il ne m'en reste plus un seul...

MADAME G... — Oh! pour les pains à cacheter, c'est ta fille qui les prend pour jouer... Tu feras bien de la gronder. La couleur du ruban est jolie... n'est-ce pas?

M. G... — Si c'est ma fille... alors c'est différent... pourvu toutefois qu'elle ne les mange pas, car ça lui ferait mal... Ah! voilà mon poëme... C'est bien heureux!...

MADAME G... — Tu vois qu'il n'était pas perdu ton poëme; et ce n'était pas la peine de tant crier... La couleur du ruban est jolie, n'est-ce pas?

M. G... *sans regarder sa femme.* — Oui, oui, elle est jolie, charmante, délicieuse!... Tu es très-bien... Mais laisse-moi travailler; va-t'en, je t'en prie.

MADAME G... — Ah! mon Dieu! il ne m'a pas seulement regardée!... A propos, on vient de nous envoyer un très-beau saumon...

M. G... *impatienté.* — Eh bien! c'est bon; qu'est-ce que ça me fait qu'on ait envoyé un saumon?... Je te dis de me laisser travailler...

MADAME G... — Comme c'est galant, un auteur! et il y a des femmes qui vous disent: « Ah! que vous devez vous trouver heureuse d'être la femme d'un homme d'esprit!... » Oui, ils sont en effet très-aimables, les hommes d'esprit!... Ah! as-tu vu ce manuscrit qu'on a apporté hier?... Je l'ai posé là...

M. G... — Tu as eu grand tort de le recevoir. Une fois pour toutes, je ne veux plus de manuscrits de tous ces gens qui se réveillent un beau matin avec la pensée de faire du drame ou du roman!... Ils viennent vous demander des avis; des conseils; et quand on leur dit franchement ce qu'on pense de leur ouvrage, ils se fâchent! Qui est-ce qui a apporté cela?

MADAME G... — Un tout jeune homme, un blond... qui était si gentil, si poli; qui m'a tant suppliée de prendre son manuscrit...

M. G... — Parce que c'était un joli petit blondin, on n'a pu le refuser...

MADAME G... — Vraiment, monsieur, je vous conseille de parler! et quand il vous vient des femmes ici, sous prétexte de vous montrer des manuscrits, vous savez très-bien, qu'elles sont jeunes et gentilles, les faire entrer dans votre cabinet, et en fermer la porte sur vous...

M. G... — Parce que souvent une dame est timide, et n'ose pas parler devant témoin. Mais en voilà assez. Constance, veux-tu me faire un grand plaisir?

MADAME G... — Certainement, mon ami... Qu'est-ce que c'est?

M. G... — Va-t'en.

MADAME G... — Ah! j'en étais sûre!... Epousez donc un homme de lettres! Il n'a pas seulement regardé mon joli bonnet.

(*Madame G... sort du cabinet de son mari; celui-ci se remet à son bureau, il prend son poëme, le relit, semble méditer, puis taille sa plume en se disant:*)

Il me semble que ce passage fera bien:

Du bonheur de l'hymen un enfant est le gage,
Voyez l'intérieur de cet heureux ménage,
Cette femme si bonne! et des soins les plus doux,
Chaque jour, à toute heure, entourant son époux...

Oh! c'est bien... c'est coulant... achevons ce chapitre... J'en suis au portrait de la femme... (*Il se frotte le front.*) Ah! bon, m'y voilà!... (*Il déclame.*) Une femme est un dieu... Oui, ce n'est pas mal ça... Une femme est un dieu... (*On gratte doucement à la porte du cabinet.*) Est un dieu... qui... qui... (*On gratte plus fort.*) Mais qui diable me fait ce train-là? On ne peut pas être un instant tranquille, ici! (*Le bruit cesse.*) Il semble que ce soit un fait exprès!... Quand je veux entrer ici pour travailler, c'est à qui fera du bruit pour m'importuner... Voyons... J'avais mon vers... Ah! c'est cela: Une femme est un dieu qui veille à...

(*On gratte beaucoup plus fort, et on donne quelques coups de pied dans la porte.*)

M. G... *avec colère.* — Qui est-ce qui est là? Que me veut-on? Ce bruit finira-t-il, enfin?

(*Il va ouvrir la porte de son cabinet. Une petite fille de six ans est blottie tout contre, elle tient un bilboquet à la main.*)

LA PETITE FILLE. — C'est moi, mon papa; je frappais tout doucement parce que maman m'avait défendu de te déranger... et je... ne suis pas assez grande pour ouvrir la porte.

M. G... *d'une grosse voix qui va toujours en s'adoucissant.* — Comment, mademoiselle, c'est vous! C'est vous qui vous permettez de venir me troubler, moi... C'est insupportable, cela!... (*L'attirant sur ses genoux.*) Qu'est-ce que tu veux?... Voyons... est-ce que tu as pleuré?... Je ne veux pas qu'on te fasse pleurer, moi.

LA PETITE FILLE *très-vite et sans reprendre haleine.* — Mon papa, c'est mon frère qui me fait toujours des méchancetés, qui me taquine, et qui m'a cassé mon bilboquet, mon joli petit bilboquet, que je ne voulais pas lui prêter.

M. G... — Ah! M. Léon fait de ces choses-là!... C'est bien, il aura affaire à moi!

LA PETITE FILLE. — Oui, je lui ai dit que je te le dirais: il m'a rendu que ça lui était bien égal, et il m'a tiré la langue.

M. G... — Le petit drôle! C'est bon, je lui parlerai... Allons, va, ma belle.

LA PETITE FILLE. — R'arrange-moi mon bilboquet.

M. G... — Ah! je n'ai pas le temps... que diable!... (*Prenant le bilboquet.*) Ce n'est que la ficelle qui est cassée... Je crois que j'en ai là... (*Il remet une corde au bilboquet.*) Tiens, je l'ai mise moins longue, ça sera plus commode pour jouer... Et surtout ne va pas trop fort, tu pourrais te faire du mal avec la boule. Tiens, vois-tu? voilà comment il faut faire. (*Il lui donne une leçon de bilboquet.*)

LA PETITE FILLE. — Oh! je sais bien le faire aller aussi. Merci, moi petit papa. (*Elle prend le bilboquet.*)

M. G... *après avoir embrassé sa fille.* — Allons, va-t'en, maintenant, et qu'on ne me dérange plus, surtout... (*Il referme la porte de son cabinet.*) Ou je me fâche sérieusement. (*Il se remet à son bureau et recommence à se gratter le front.*) Voyons... reprenons...

. . . . Et des soins les plus doux,
Chaque jour, à toute heure, entourant son époux...

C'est bien cela... poursuivons... Je tenais mon vers... Ah!...

Une femme est un dieu... qui... qui...

Tout à l'heure j'avais mon idée... « qui... » Ah! c'est cela:

Qui veille avec tendresse sur... sur...

(*On ouvre violemment la porte du cabinet, un petit garçon de huit ans entre en sautant et d'un air tout riant.*)

LE PETIT GARÇON. — Ah! j'ouvre bien la porte, moi!... Je suis grand à présent!... Je suis plus haut que ma sœur de tout ça... elle me vient au nez!...

M. G... *très en colère.* — Comment, monsieur, c'est vous qui entrez ainsi dans mon cabinet? Je vous trouve bien hardi, petit drôle!... Je vous ai défendu de jamais venir me troubler. Sortez... et avisez-vous encore de vous emparer du bilboquet de votre sœur et de lui tirer la langue, je vous corrigerai, moi. Allons, sortez bien vite, mauvais sujet... Allez prendre votre rudiment.

(*Le petit garçon, dont la mine s'est allongée pendant que son père parlait, baisse la tête et va s'en retourner tristement sans oser souffler mot. Son père le rappelle.*)

M. G... — Voyons, pourquoi étais-tu entré ici?... Tu venais pour quelque chose, sans doute?

LE PETIT GARÇON *le cœur gros.* — Oh! oui... Je suis en colère contre moi. Je m'en vais... je ne veux pas te mettre en colère...

M. G... — Viens ici... viens donc... (*Il lui prend la main.*) Pourquoi prends-tu le bilboquet de ta sœur?... Tu l'as fait pleurer. Toi, qui es le plus grand, tu devrais être le plus raisonnable.

LE PETIT GARÇON *en tâchant de pleurer.* — Oh! mais ma sœur ne t'a pas dit qu'elle m'avait pris mon petit théâtre... qu'elle a gâté les décorations. La belle forêt est pleine de confitures... Je voulais y faire des pièces comme toi... Hi! hi!... et je ne puis à présent!...

M. G... *embrassant son fils.* — Pauvre garçon! ta forêt est pleine de confitures!... Ne pleure pas, je t'en achèterai une autre... Tiens, voilà un beau morceau de sucre de pomme.

LE PETIT GARÇON. — Merci, papa. Ah! fais-moi un polichinelle avec une plume, puis je le découperai.

M. G... — Je n'ai pas le temps... Une autre fois.

LE PETIT GARÇON. — Ah! papa! un petit polichinelle... tout petit.

M. G... *prenant une plume et une feuille de papier.* — Tu es aussi tenace que ta mère, toi! Allons, tiens! voilà ton polichinelle; mais va-t'en bien vite, et ne reviens pas surtout, ou je te tirerai les oreilles.

LE PETIT GARÇON *prenant le papier.* — Ah! merci, petit papa! (*Il s'en va en sautant, et ferme la porte sur lui.*)

M. G... — Ce pauvre petit qui vient pleurer comme moi... Il est gentil cet enfant! (*Reprenant sa plume.*) Il faut espérer qu'on me laissera en paix maintenant...

Une femme est un ange... qui veille avec tendresse...

Mais non... ça ne peut pas être cela... le vers est faux... une femme n'est pas un ange. J'avais mis autre chose... Mais aussi quand on est dérangé à chaque instant... Une femme est un astre... non... Une femme est un amour... Non... Le mot ne me vient plus...

MADAME G... *entr'ouvrant la porte.* — Mon ami... mon ami...

M. G... *frappant du poing sur son bureau.* — Ah! par exemple, c'est trop fort!... encore me déranger!

MADAME G... — Mon Dieu... j'en suis bien fâchée, mais c'est ce petit jeune homme qui est venu hier... pour son manuscrit.

M. G... — Qu'il aille au diable! lui et son Grand Turc amoureux!... J'étais sûr que ce maudit manuscrit me causerait encore de l'ennui. Mais il n'y a donc plus moyen de travailler chez soi!...

MADAME G... — Ah! ma foi, tu diras tout ce que tu voudras à ce jeune homme. Tenez, monsieur... voilà mon mari.

(*Madame G... s'éloigne après avoir fait entrer un jeune homme mis très-modestement, qui se confond en saluts, reste contre la porte sans oser avancer, tortille son chapeau dans ses mains, et a l'air de ne pas vouloir parler.*)

M. G... *à lui-même.* — Rappelons-nous que j'ai commencé. Ce jeune homme est timide !... Cela est rare aujourd'hui. (*Il invite le jeune homme à s'asseoir. Celui-ci se place sur l'angle d'une chaise en balbutiant.*)

LE JEUNE HOMME. — Monsieur, c'est moi qui suis l'auteur de la pièce qu'on a dû vous remettre... Je serais bien flatté de commencer avec vous... J'ai encore cinq grands drames en train... Je vous les apporterai tous.

M. G... — Non, monsieur, ne prenez pas cette peine, je vous en prie; voici votre manuscrit, je ne puis accepter aucune collaboration.

LE JEUNE HOMME. — Mais, monsieur, si cette pièce ne vous plaît pas, j'en ai d'autres.

M. G... — J'ai eu l'honneur de vous dire que cela m'était impossible.

LE JEUNE HOMME. — Au moins, monsieur, dites-moi ce que vous pensez de ma pièce.

M. G... — Le titre seul m'avait effrayé.

LE JEUNE HOMME. — Cependant, monsieur, *Poison, poignard et lacet*, cela promet.

M. G... — Justement, cela promet des horreurs, et je n'en suis pas amateur.

LE JEUNE HOMME. — Mais, monsieur, est-ce que le drame n'exige pas de fortes émotions ?

M. G... — On en produit avec des sentiments vrais, des effets touchants. On retourne voir une pièce où l'on pleure, il est rare qu'on veuille revoir un ouvrage où l'on a frissonné, car on ne frissonne pas deux fois pour la même pièce, et l'on a pleuré cent fois à *Misanthropie et Repentir*. Il est vrai que le sujet était éminemment populaire... Voici votre manuscrit.

LE JEUNE HOMME. — Ainsi, monsieur, vous ne voulez pas travailler avec moi; et que me conseillez-vous de faire de mon *Grand Turc* ?

M. G... — Tout ce que vous voudrez. Puisque la pièce est prête, vous ne risquez rien de la présenter quelque part. Je vous demande pardon si je ne vous retiens pas plus longtemps, mais j'ai à travailler, et...

LE JEUNE HOMME *saluant*. — Monsieur, je suis bien fâché de vous avoir dérangé. (*Il revient sur ses pas.*) Monsieur, je fais aussi des vaudevilles... Je tourne assez bien le couplet.

M. G... — Je n'en doute pas, monsieur. Faites des couplets; moi, je voudrais finir mon poëme.

LE JEUNE HOMME. — J'ai fait des couplets pour la fête d'un de mes oncles. Il s'appelait Grégoire. Le nom prêtait; on les a trouvés drôles; si vous voulez, je vais vous les chanter. C'est sur l'air du *Petit Matelot*.

M. G... — Monsieur, encore une fois, je vous répète que j'ai à travailler, et que je ne puis vous entendre davantage.

LE JEUNE HOMME. — Alors, monsieur, je vous demande pardon... Je vous laisse... Votre serviteur ! (*Il salue et sort du cabinet.*)

M. G... — Ah ! c'est bien heureux !

LE JEUNE HOMME *entr'ouvrant la porte du cabinet*. — Monsieur, je n'en suis pas moins enchanté d'avoir eu le plaisir de faire votre connaissance.

M. G... *refermant la porte*. — Et moi aussi, monsieur, assurément... Ah ! il est terrible ce petit jeune homme. Recevez donc des manuscrits ! Voilà à quoi cela vous expose. Je devrais faire défendre ma porte, comme tant d'autres font... Mais je crains alors de me priver peut-être alors de la visite d'un ami. Si du moins ma femme et ma bonne avaient du tact ! Voyons, remettons-nous à l'ouvrage... à mon *Bonheur domestique*, c'est un joli titre... Je suis content de mon titre... J'en é... — je ? au portrait de la femme... (*Il passe sa main sur son front.*) Ce malheureux jeune homme m'a troublé toutes les idées... Ah ! je crois que c'est cela :

Une femme est... un dieu...

C'est cela... Ah ! je le tiens à présent... Un ange ne pouvait pas aller... « Une femme est un dieu qui veille... qui... » Maudit jeune homme avec son *Grand Turc* !... Ah ! « qui veille avec tendresse sur les objets chéris. (*On sonne.*) Sur les objets... (*On sonne encore.*) Sur les... se les... » (*On sonne plus fort.*) Que le diable emporte la sonnette ! Ma femme sera sortie avec les enfants, et probablement la bonne est en commission. Mais on peut sonner, je n'ouvrirai pas. (*Il déclame.*)

...... des soins les plus doux,
Chaque jour... à toute heure entourant son époux,
Une femme est un dieu...

(*On sonne à tout rompre.*)

Ils vont tout casser... Il n'y a pas moyen d'y tenir.

(*Il sort de son cabinet et va ouvrir. Un grand monsieur sec, jaune, habillé de noir, ayant des besicles vertes, un jabot et des mains sales, entre aussitôt dans l'appartement en s'écriant :*)

Ah ! je savais bien qu'il y avait du monde... Le portier m'a dit : « Il y a du monde. » C'est pourquoi j'ai persisté... et j'ai bien fait.

M. G... — Mais, monsieur, il me semble que ce ne serait pas une raison pour briser la sonnette.

LE GRAND MONSIEUR *poussant M. G... dans l'appartement et lui marchant presque sur les pieds*. — C'est à M. G..., homme de lettres, que j'ai l'honneur de parler ?...

M. G... *tâchant d'empêcher le monsieur d'avancer*. — Oui, monsieur; et puis-je savoir...

LE GRAND MONSIEUR *poursuivant toujours en avant*. — Ma foi, je suis bien content de vous trouver, car je me suis présenté souvent, et l'on m'a toujours dit que vous n'y étiez pas... C'est fâcheux quand on demeure loin et quand il pleut... Moi, je déteste les parapluies, et je n'en prends jamais.

M. G... — Monsieur veut-il me dire en quoi je puis...

LE GRAND MONSIEUR *qui est parvenu à entrer dans le salon*. — C'est mon but. Je vous demanderai un moment d'audience... car ce que j'ai à vous proposer nécessite une explication.

M. G... *à part, après avoir examiné le monsieur*. — Il n'a pas de manuscrit !... Je puis me risquer...

(*Il le fait passer dans son cabinet, en avant. Le grand monsieur s'étale dessus, et tire sa tabatière.*)

LE GRAND MONSIEUR. — Je vais aller droit à mon but. (*Présentant sa tabatière.*) En usez-vous ?... il est tout frais.

M. G... — Je n'en prends jamais.

LE GRAND MONSIEUR. — Un homme de lettres, c'est étonnant...

Quoi qu'en dise Aristote et sa docte cabale,
Le tabac est divin, il n'est rien qui l'égale.

J'en prends depuis l'âge de quinze ans; je m'y suis accoutumé par suite d'un mal d'yeux dont je n'ai pas guéri. Monsieur, j'ai beaucoup de choses à vous dire (*M. G... pousse un gros soupir.*) Vous saurez d'abord que j'ai voyagé, beaucoup voyagé !... Par suite d'aventures qu'il serait trop long de vous conter, je me trouvai un matin, en hiver, au beau milieu des Apennins... Il n'y faisait pas chaud, je vous assure !

M. G... — Monsieur, est-ce votre histoire que vous voulez me conter ?... alors...

LE GRAND MONSIEUR *parlant toujours*. — Une autre fois, en pleine canicule, je me trouvai en Espagne. Dans les montagnes de la Sierra, un soleil brûlant me frappait à la figure... Cela m'a considérablement jauni, vous devez vous en apercevoir.

M. G... — Je ne sais pas si vous êtes jauni, monsieur; mais je désirerais savoir en quoi tout cela m'intéresse.

LE GRAND MONSIEUR. — Une autre fois je fis à pied le chemin de Milan à Naples, il y a loin... J'avais des bottes percées, par suite de circonstances qu'il serait trop long de vous communiquer... (*Présentant sa tabatière.*) En usez-vous ?

M. G... — Je vous ai déjà dit que non, monsieur. Mais je ne comprends pas...

LE GRAND MONSIEUR. — Une autre fois je versai avec une diligence sur la route de Lyon; je tombai dans une fondrière assez profonde, j'eus le corps tout meurtri, mais... circonstance assez extraordinaire, une pauvre de rainette que j'avais dans la poche gauche de mon habit ne fut nullement écrabouillée... Je dis écrabouillée, parce que le mot exprime mieux ma pensée.

M. G... — Au fait, monsieur, je vous en prie, mes moments sont précieux.

LE GRAND MONSIEUR. — Vous n'en usez pas ?... (*Il prise.*) Je suis à mon but. Monsieur. Par le petit aperçu que je viens de vous donner, il me semble que vous devez voir qu'il m'est arrivé bien des aventures !... un homme qui a voyagé trente ans sans s'arrêter ! Eh bien, monsieur, je viens faire votre fortune... La mienne en même temps, mais moi je ne suis pas ambitieux... Vous faites des romans, j'ai appris cela dans un voyage. Eh bien, je vous vends mes aventures... et avec cela vous faites des volumes énormes... un par semaine !... vous gagnez beaucoup, nous partageons, et je ne mets pas mon nom, je vous laisse toute la gloire.

M. G... *se levant*. — Si j'avais deviné le sujet de votre visite, monsieur, elle eût été moins longue. Je n'achète point d'aventures.

LE GRAND MONSIEUR. — Comment, cela ne vous va pas ! Cela me surprend... Songez donc qu'avec les aventures bizarres que je vous aurais contées, vous auriez des ouvrages curieux, extraordinaires, palpitants d'émotions. Puisque c'est votre dernier mot... c'est fâcheux... Vous perdez de bien beaux sujets... Vous n'en usez pas ? (*Il prise.*) Je vous aurais donné tout cela à bon marché... Enfin, puisque ça ne vous va pas... Est-ce que vous ne pourriez pas me faire le plaisir de me prêter cent sous ?... J'ai oublié ma bourse... Je vous les rapporterai quand je passerai dans votre quartier.

(*M. G... enchanté de se débarrasser de ce monsieur, s'empresse de lui mettre cent sous dans la main; alors le grand monsieur salue, et s'en va extrêmement vite. M. G... referme sa porte avec colère, et va se rasseoir devant son bureau, en s'écriant :*)

Quel insupportable bavard ! (*Il prend la plume en murmurant.*) « Une femme est un dieu... » Je n'ai mal à la tête; je sentais l'impatience qui me prenait... « Une femme est un ange... un trésor. » Je ne sais plus ce que je dis... Remettons-nous un peu... cela va revenir... (*Il appuie sa tête sur sa main.*)

MADAME G... *entr'ouvre doucement la porte du cabinet, et passe sa tête en disant :* — Mon ami... je n'ai que deux mots à te dire.

M. G... *sans répondre :*

Une femme est un dieu...

MADAME G... — Réponds-moi donc...

M. G... *se retournant avec emportement.* — Eh bien ! voyons, madame, finissons-en... Qu'y a-t-il donc, pour Dieu !... qu'est-il arrivé ? Est-ce que le feu est à la maison ?

MADAME G... — Veux-tu le manger à la sauce, ou à l'huile ?

(M. G... *donne un grand coup de poing sur son bureau, il fait sauter en l'air ses papiers, et retombe avec désespoir dans son fauteuil en s'écriant :*)

C'est affreux, madame... c'est impardonnable... pour un poisson !... me déranger !... quand je croyais... quand je suis plein de mon sujet ! Ah ! vous étiez digne d'être la femme d'un épicier, d'un Béotien ! Vous ne comprenez pas un auteur !

MADAME G... *en s'en allant.* — On le mangera à l'huile, alors.

(M. G..., *resté seul, est quelque temps immobile et accablé devant son bureau. Enfin, lorsqu'il commence à se calmer, lorsque ses idées reviennent et qu'il reprend sa plume, ses enfants cognent à la porte en criant :*)

Dîner, papa !... Papa... dîner !... On t'attend.

(M. G... *jette alors la plume de côté en disant :*)

Voilà pourtant la journée d'un homme de lettres !

TYLER LE COUVREUR.

ANECDOTE HISTORIQUE.

(ESQUISSE DE MŒURS ANGLAISES.)

C'était en l'année 1382, l'Angleterre jouissait alors d'une profonde paix, d'une entière tranquillité, et comme le dit si bien la Bruyère : « Quand le peuple est paisible, on ne voit pas par où le calme peut sortir, et quand il est en mouvement, on ne comprend pas comment le calme peut y rentrer. »

Mais il suffit souvent d'une cause légère pour amener un incendie qui produit un embrasement général ; ici encore l'insolence d'un simple commis produisit un grand mouvement populaire dont la Grande-Bretagne a dû garder le souvenir.

Le roi Richard II avait établi un nouvel impôt qui frappait sur toutes les personnes ; du moment que l'on avait passé l'âge de l'adolescence, que l'on était considéré comme homme ou femme, en état de gagner soi-même sa vie, il fallait payer l'impôt, payer parce que l'on vivait, parce que l'on respirait l'air épais et brumeux de la Grande-Bretagne, et que l'on avait l'honneur d'être sujet ou sujette de Richard II. Cet impôt faisait partie des contributions directes.

La femme de Tyler, couvreur du comté de Dartford, était au moment de payer l'impôt pour elle, son mari et ses domestiques (car Tyler était un couvreur aisé qui ne vivait pas misérablement). Mais elle ne voulait pas payer pour sa fille, qui n'avait que douze ans à peine, prétendant que la loi ne l'atteignait pas encore, et que jusqu'à ce qu'elle fût femme, elle n'était point sujette à la contribution, et pouvait respirer sans payer. Le commis chargé de percevoir cet impôt était un homme méchant, brutal, aimant à vexer les malheureux, à faire couler des larmes, et toujours insensible aux prières du pauvre, aux supplications de l'indigent.

Il était désolé lorsque ceux chez lesquels il allait réclamer la taxe avaient leur argent tout prêt à donner ; car alors point de sujet de vexations, point de menaces à proférer, de prières à repousser ; il fallait s'éloigner sans avoir vu répandre des pleurs, et le percepteur n'était point satisfait.

Un auteur a dit : « Chacun prend son plaisir où il le trouve. » Mais il y a malheureusement trop de gens dont les plaisirs ne sont point généreux. La femme de Tyler était d'une humeur peu accommodante ; elle venait de payer, et indiquait déjà au commis la porte de la maison, lorsque celui-ci aperçoit la petite Betzy, la jeune fille du couvreur. Cette charmante enfant n'avait encore que douze ans et quelques mois ; mais pour la taille, les formes et l'élégance, elle paraissait quinze ans accomplis. Figurez-vous une blonde et jolie tête, un teint blanc et rosé tout à la fois, des yeux bleus, gracieux et doux, enfin des dents semblables à des perles ; telle était cette jeune fille. C'était l'idéal de la beauté anglaise ; c'était un de ces types que l'on retrouve, et devant lesquels on aime tant à s'arrêter lorsque l'on considère un portrait de *Court* ou de *Lawrence*.

Il s'arrête, examine Betzy, et prétend qu'on n'est pas quitte avec lui, puisqu'on n'a pas payé pour elle.

— Ce n'est encore qu'une enfant, répond la mère de Betzy en souriant à sa fille.

— Oh ! c'est bien une femme ! répond le percepteur ; et aussitôt avec un sourire farouche, il s'approche de la jeune Betzy, lui prend le bras, et se dispose à l'attirer vers lui. Mais déjà la mère s'était précipitée entre sa fille et le commis, et, poussant un cri de désespoir, lui avait dit avec cet accent qui part de l'âme : — Ah ! vous ne voudriez pas faire le moindre outrage à mon enfant.

Sans avoir égard à la prière d'une mère, aux larmes qui roulent déjà dans les yeux de la jeune fille, l'homme sans pitié va de nouveau s'emparer de l'enfant, lorsqu'une main, bien autrement forte que celle d'une femme, le repousse et le précipite durement sur le carreau. Tyler travaillait à la couverture d'une maison voisine, mais il avait entendu le cri de sa femme, les supplications de sa fille ; prompt comme la foudre, il était arrivé pour les secourir contre les violences du commis. Celui-ci, furieux d'avoir été terrassé, se relève, et va frapper Tyler avec l'arme qu'il portait. Le couvreur évite le coup, et saisissant un de ses outils, fend la tête au commis.

Tous les habitants de l'endroit sont bientôt instruits de cet événement. Le peuple applaudit au courage de Tyler, et jure de le défendre, de faire cause commune avec lui.

A partir de ce moment, Tyler le couvreur voit si bien grossir le nombre de ses défenseurs, de ses partisans, qu'en peu de jours il se trouve à la tête de plus de cent mille hommes, qui le reconnaissent pour leur chef, et jurent la mort de tous les fermiers et collecteurs d'impôt, de tous les gens de loi ; enfin l'effervescence va si loin que toute personne sachant lire et écrire, ou qui portait une écritoire dans sa poche, était sur-le-champ mise à mort lorsqu'elle tombait entre leurs mains. C'était porter un peu loin le ressentiment ; mais un homme est rarement juste lorsqu'il est en colère, comment voulez-vous que des masses d'hommes irrités entendent raison ? C'est pour cela qu'il est dangereux d'irriter les masses.

Le roi ayant été informé de ces événements et de l'épouvante que ces furieux répandaient sur leur passage, voulait aller lui-même à leur rencontre, afin de s'entendre avec Tyler. L'archevêque de Cantorbéry détourne Richard de ce dessein, en lui disant qu'un grand monarque « ne doit point se compromettre avec de vils factieux. »

Les rebelles ayant eu connaissance de la conduite de l'archevêque de Cantorbéry, jurent de l'en punir et marchent droit sur Londres. C'est en vain que le lord-maire essaye de leur en fermer la porte ; Tyler les guide, Tyler est invincible, et d'ailleurs le peuple de Londres accueille avec confiance les rebelles, car il partage leur haine contre les impôts et les collecteurs. D'ailleurs Tyler et les siens ne se permettaient aucun pillage ; ils ont au contraire, ils punissaient sur-le-champ de mort celui d'entre eux qui se rendait coupable de la plus légère vexation.

Après avoir brûlé le palais du duc de Lancastre, le plus bel édifice de Londres, Tyler, craignant qu'on ne soit soupçonné du projet de piller, fit publier qu'il était défendu sous peine de la vie de s'approprier la moindre chose prise dans le palais, et que l'argenterie immense qui s'y trouvait devait être brisée et jetée dans la Tamise.

Les rebelles auraient fait subir le même sort à la Tour de Londres, si le roi n'eût enfin consenti à venir lui-même entendre leurs propositions ; mais lorsque le prince parut, les portes de la Tour ayant été ouvertes, Tyler et les siens entrèrent pêle-mêle avec les rebelles et à la suite du roi.

La garnison de cette forteresse n'était que de douze cents hommes, et se composait de gens d'armes et d'archers ; elle n'osa rien entreprendre contre la troupe de Tyler, qui allait et venait librement partout ; mais les rebelles, qui jusqu'alors avaient gardé quelque frein, ces hommes qui, en se présentant comme vengeurs de la tyrannie, devaient bien se garder d'être tyrans eux-mêmes, ne tardèrent point à perdre toute retenue, à se porter aux plus coupables excès. Tant il est vrai que dans les révolutions les passions se mêlent à la politique, et qu'après avoir commencé d'agir pour la patrie, on finit bientôt par ne plus agir que pour soi.

L'archevêque de Cantorbéry fut découvert au fond d'une chapelle où il était en prières ; les rebelles le traînèrent jusqu'à l'esplanade de la Tour, où il fut mis à mort. Le grand trésorier et le confesseur du roi subirent le même sort.

La troupe de Tyler étendit ses fureurs jusque sur les étrangers et sur tous les Flamands ; pour les reconnaître, Tyler faisait prononcer à ceux qu'il soupçonnait tels deux mots anglais qui ont beaucoup de ressemblance avec deux mots de la langue flamande ; ils ont la même signification, et cependant rendent un son différent, ce qui fait qu'il est extrêmement difficile aux Flamands de les prononcer absolument de la même manière que les Anglais. Ces deux mots en anglais : bread and cheese, et en flamand : brod an kase, signifient du pain et du fromage. Dès qu'on ne les prononçait pas bien au gré des rebelles, Tyler arrachait le bonnet au malheureux qui venait de parler, et il était livré au supplice.

Certes, le pain et le fromage jouaient là un vilain rôle, et pour lequel ils n'ont point été faits.

Cependant le roi avait eu des entrevues avec les rebelles, et leur avait en vain demandé une suspension d'armes ; Tyler s'y refusait, et insistait sur plusieurs points que Richard ne pouvait accorder. Le couvreur voulait que le roi lui donnât une commission pour faire couper la tête à tous les gens de loi. Il avait même juré qu'il n'y en aurait plus d'autres en Angleterre que celles qu'il aurait établies. Maître Tyler devenait despote à son tour.

Enfin une nouvelle entrevue fut accordée par le roi au chef des rebelles. Celle-là eut lieu dans une vaste plaine où toute la troupe de Tyler était rassemblée.

Le couvreur était à cheval lorsqu'il s'avança près du roi, et il s'approcha si près du prince que la tête de son coursier alla heurter contre la tête du cheval richement caparaçonné de Richard.

— Sire roi, dit Tyler, vois-tu tout ce monde là-bas?... et le couvreur indique sa troupe, qui n'était qu'à peu de distance.

— Oui sans doute, dit Richard, je vois tes amis, qui sont aussi tes sujets... quel est ton but?... que voulez-vous?

— Tous ces gens sont à mes ordres, et ils ont juré de m'être dévoués jusqu'à la mort, de faire enfin tout ce que je leur commanderai.

Richard ne répondit rien, mais sa figure n'exprimait aucun trouble, il écoutait avec le plus grand calme Tyler, qui reprit :

— Je te déclare qu'ils ne se retireront point que tu ne leur aies donné les chartes qu'ils demandent.

Richard se disposait à faire entendre à Tyler qu'il était prêt à faire rendre justice à ses sujets, lorsque le couvreur trouva mauvais que sir *John Newton*, qui portait l'épée du roi, fût à cheval en sa présence; il l'appela traître en le menaçant de son poignard. Le chevalier tira aussitôt le sien et s'apprêtait à s'en servir, lorsque le roi, l'arrêtant, lui ordonna de descendre de cheval et de remettre son poignard à Tyler.

Le couvreur n'est point satisfait de cette marque de condescendance, il veut avoir aussi l'épée que porte le chevalier, il ose porter sa main dessus.

— C'est l'épée du roi! s'écrie sir John Newton, tu n'es pas digne de la toucher; et nous étions seuls, tu n'oserais pas renouveler ta demande.

— Je n'oserais! dit Tyler furieux, ah! j'oserais bien davantage, car je jure devant ton roi, devant ton maître, de ne point manger que je ne t'aie fait sauter la tête.

En disant ces mots, le couvreur se disposait à fondre sur le chevalier, lorsqu'il vit arriver le lord-maire de Londres, suivi d'un grand nombre de gentilshommes et d'écuyers, qui, alarmés de la position du monarque, venaient pour lui prêter main-forte.

Sire, s'écrie le lord-maire, il serait aussi honteux qu'inouï de laisser assassiner son si vaillant chevalier en présence de son souverain. Permettez-moi de punir cet insolent rebelle.

Le roi fit signe au lord-maire d'arrêter le coupable; avant qu'on en eût le temps, Tyler avait déjà enfoncé son poignard dans le sein de John Newton; mais presque au même moment la masse d'armes du maire écrasait la tête, et le chef des rebelles, renversé de dessus son cheval, tombait sans vie aux pieds de sa victime.

Toute la multitude qui formait la troupe du couvreur remplit alors l'air de ses cris. Richard, la voyant prête à lancer sur sa troupe une grêle de flèches, mit son cheval au galop, et se présenta brusquement aux rebelles en leur disant :

— Qu'allez-vous faire, mes amis? voulez-vous tuer votre roi pour venger la mort d'un homme qui venait de se déshonorer par un lâche assassinat?... Faites mieux, prenez-moi pour votre chef, et je vous promets de vous accorder tout ce qui vous a mis dans le cas de prendre les armes.

Frappés de la noble hardiesse de ce jeune prince (Richard n'avait alors que dix-huit ans), et désarmés par ses promesses, tous les rebelles obéirent à l'instant même, et se remirent en route pour leur province.

Ce qui paraîtra peut-être aussi surprenant, c'est que le monarque leur mit parole, et rejeta avec une espèce d'indignation le conseil que lui donnèrent ses courtisans de faire exécuter au moins quelques-uns des rebelles pour effrayer ceux qui pourraient être tentés de l'imiter.

Ainsi mourut Tyler le couvreur, dont la carrière politique fut courte. Il commença par un acte de justice, et finit en commettant lui-même un acte de lâche tyrannie. Suffit-il donc d'avoir un moment la puissance pour faire ce qu'on a blâmé dans les autres?

LES BORDS DU CANAL.

Nous avons Paris l'ancien, Paris moderne, Paris gothique; nous avons aussi des quartiers de Paris qui aspirent à la renaissance, dont les maisons dentelées, les murs crénelés et les fenêtres en ogives ont la prétention de rappeler l'époque de François 1er. Nous avons des rues nouvelles tirées au cordeau; un pavage sur lequel on tombe sans se faire de mal; des dalles qui se cassent, mais qui ne s'usent pas; des trottoirs sur lesquels montent souvent les roues des voitures, ce qui garantit peu les piétons, mais ce qui est plus commode pour les cochers; nous avons lesquelles n'avaient jamais bou-

tiques, de vilaines enseignes; des cafés mirobolants, resplendissant de glaces, de dorures, de lumières, qui ne font que paraître et disparaître comme les marionnettes de Séraphin; nous avons des boulangers fashionables, chez lesquels on trouve des petits gâteaux, de la crème, du vin, des liqueurs; de tout, excepté du pain. Nous n'avons plus de mendiants, mais nous avons une infinité de marchands de cure-dents, ou de pauvres femmes qui chantent en portant un enfant à demi vêtu dans leurs bras; enfin, nous avons dans Paris une foule de choses... nous sommes très-riches : on ne s'en douterait pas.

Mais ce que nous avons depuis quelques années, et qui commence seulement à prendre l'aspect d'une promenade, d'un quartier de Paris; ce que vous ne connaissez peut-être pas, si vous habitez le noble faubourg, ou la bruyante Cité, ou l'élégante Chaussée-d'Antin, ou le riche quartier de la Bourse, mais ce que vous connaîtrez probablement dans une vingtaine d'années, si vous vivez encore, ce sont les bords du canal qui commencent maintenant après le bassin de la Villette et se continuent jusqu'aux anciens fossés de la Bastille.

Les bords du canal ont été longtemps déserts, tristes, boueux, dangereux même : il y a bien encore quelques parties de la berge sur lesquelles je ne vous conseillerais pas d'aller vous promener seul à onze heures du soir, rien qu'avec un parapluie à votre main; mais, dans beaucoup d'autres, de belles maisons ont été construites, qui semblent s'élever fières et superbes près des masures de maraîchers qui sont encore debout de loin en loin.

On a planté des peupliers tout le long du canal; les peupliers, qui préfèrent l'eau aux conduits de gaz, sont venus là beaucoup mieux que sur les boulevards intérieurs, sur lesquels, dans quelques années, on aura peut-être quelque peine à rencontrer un arbre bien portant, toujours grâce aux tuyaux qui entourent leurs racines.

Les bords du canal offrent un coup d'œil curieux, piquant, gai, lorsqu'il fait du soleil; c'est la campagne de Paris, vous y voyez les immenses bateaux de charbon, la petite barque de l'amateur, les vigilantes blanchisseuses qui, le corps à demi penché sur l'eau, travaillent en babillant, en se moquant des promeneurs, et en se montrant du doigt le bon bourgeois qui vient de faire nager son chien.

Ici, c'est une dame qui vient faire mesurer devant elle le charbon qu'elle veut acheter; là-bas, c'est une pauvre femme qui, à deux pas tout près du bord de l'eau, y blanchit, souvent sans savon, les vêtements de ses enfants; un peu plus loin, c'est un monsieur qui se promène en long en large, qui va et revient toujours vers le même endroit, qui s'arrête, regarde sa montre, fait un mouvement d'impatience et se promène encore : à la mise élégante de ce monsieur, vous devinez sur-le-champ qu'il n'est pas là dans son quartier; c'est un être exotique, cela se reconnaît au premier coup d'œil; s'il est venu sur le bord du canal, c'est seulement dans l'espoir de n'y rencontrer personne de ses connaissances, excepté la dame qu'il attend, mais avec laquelle il ne voudrait pas être vu... Les bords du canal sont très-commodes pour les rendez-vous; on y voit venir son monde de loin.

Du côté du faubourg du Temple, les bords du canal sont très-peuplés et presque brillants; il y a des boutiques, il y a les fameuses *Vendanges de Bourgogne*, où l'on vendange toute l'année. Il y a un relais d'omnibus, une guérite avec une sentinelle, quelques marchandes de pain d'épice, des chiens égarés. Cela a un faux air du Pont-Neuf.

Un peu plus loin, vous apercevez les vastes magasins de l'entrepôt, si bien placés sur les bords du canal, qui reçoivent les marchandises dans le bâtiment qui les apporte; à Venise les douaniers reçoivent les voyageurs qui sont encore dans les lagunes.

Mais que se passe-t-il là-bas? voilà beaucoup de monde rassemblé. Est-ce un homme qui se noie? est-ce un gamin qui se baigne malgré l'ordonnance? est-ce un amateur qui pêche? est-ce un chien qui nage?... est-ce quelque objet mystérieux que l'on voit flotter sur l'eau et sur lequel on fait des conjectures? Eh! non, c'est tout simplement le pont qui tourne pour laisser le passage à un gros bateau.

Vous allez voir en un moment la foule grossir sur chaque bord, et les voitures faire queue.

Ce qu'il faut entendre, ce sont les conversations qui se forment de chaque côté de l'eau, et souvent entre gens qui ne se connaissent pas; mais on fait très-vite connaissance sur les bords du canal.

— Ma chère dame, concevez-vous mon malheur? dit une vieille femme affublée d'un bonnet qui a la forme de tout ce qu'on veut, le corps enveloppé dans un vieux tartan qui ressemble parfaitement à de la toile à paillasse, les pieds chaussés de vieilles pantoufles fourrées, par-dessus lesquelles on a mis de gros souliers, par-dessus lesquels on a attaché des soques, ce qui fait qu'en marchant cette dame fait presque autant de bruit qu'un cheval. Ajoutez à tout cela un cabas passé au bras, mais un énorme cabas, dans lequel il y a un pot-au-feu, du beurre, trois volumes d'un roman, des merlans, un gros paquet de giroflées, du mou pour un chat, deux écheveaux de fil, un pain à café, des oignons, une bouteille de cirage et une brosse à dents.

La personne à laquelle elle s'adresse est une grosse maman d'une soixantaine d'années, dont l'embonpoint semble défier toutes les colonnes que l'on bâtit maintenant sur les boulevards, et dont la taille a exactement la forme d'un paletot ; il y a dans sa mise et dans sa coiffure certaines prétentions qui annoncent encore une intention très-prononcée de faire des conquêtes *quand même !* Sa robe un peu courte laisse voir deux poteaux recouverts de laine noire, dont un pied qui paraît horriblement gêné dans un soulier très-bien ciré ; sa coiffure se compose d'un bonnet à barbes qui flottent au gré du vent, et sur lequel se balancent de gros nœuds de rubans qui ont dû être roses ; le tout est posé extrêmement en arrière, soit avec intention, soit par l'effet du grand air, et laisse voir une figure rouge, bourgeonnée, un nez plein de tabac, et deux énormes touffes de cheveux d'un noir aussi luisant que ses souliers, et dont les boucles sont faites pour résister à la pluie et au vent.

— C'est un malheur qu'est fait pour moi, répond la petite vieille qui porte le cabas en s'adressant à la grosse maman qui vient de s'arrêter près d'elle. Enfin, ce matin justement j'étais en retard... par rapport au spectacle d'hier qui a été si conséquent... que dans Belleville on ne se rappelle pas une représentation aussi prolongeante.

— Madame est actrice au théâtre de Belleville ? répond la grosse maman en regardant avec plus d'intérêt la personne qui lui parle.

— Non, pas moi, ma belle ! mais ma fille... une jolie brune... dont les débuts ont fait tant de bruit qu'on ne parlait que de ça dans toute la *circonférence* de la banlieue ; vous devez l'avoir vue... elle a débuté dans le *Cidre*, c'est elle qui a fait *Chimène*... Je suis la mère de *Chimène*, c'est moi qui dire qu'elle me fait *renommée* ; on me regarde quand je passe ni pus ni moins que ma fille ; j'entends chacun qui *suchotte* : C'est la mère de *Chimène*, sa propre mère.... On est heureux d'avoir des enfants qui font *l'enorgueillissement* de notre caducité ; ma fille ira à Belleville aux Français, ou pour le moins chez Franconi, d'autant plus qu'elle a du penchant pour la voltige, et qu'elle va très-bien à âne. Pour en revenir, nous nous sommes réveillées tard ce matin, et c'est positivement le jour du pot-au-feu ; c'est que nous sommes réglées comme du papier de musique, deux fois la semaine le bœuf... c'est qu'il faut du bouillon à ma fille, c'est nécessaire au régime de son estomac. Je me suis habillée à la hâte pour courir au marché. J'ai pris aussi des merlans... *Chimène* les aime beaucoup... Je dis *Chimène* par la force de l'habitude... qu'elle a été si bien claquée dans ce rôle-là... que tout le monde est venu lui faire des compliments après le *Cidre* ; il n'y a que l'auteur que je n'ai pas vu ; et qui n'a pas eu seulement la politesse de lui envoyer une lettre de *félicitations* ; je trouve ça bien peu honnête de sa part... J'espère que ma fille s'en souviendra quand il fera une autre pièce, s'il vient lui offrir un rôle.

— Avez-vous payé cher votre poisson ?

— Ne m'en parlez pas, c'est à en pleurer... c'est-à-dire, ma chère amie, que si cela continue, il ne faudra plus manger...

— Ah çà ! il ne finira donc pas de passer ce bateau ?

— Quel bâtiment !... ça doit venir de la mer. Qu'est-ce qu'il y a donc dessus ?

— On dit que c'est du marbre.

— Ah ! laissez donc, le marbre ne va pas sur l'eau, c'est trop lourd, il enfoncerait. Il ne dit pas des choses comme ça à la mère d'une artiste... Pour vous en revenir, j'ai couru aux provisions, malheureusement, j'ai eu ensuite l'idée d'entrer chez un libraire prendre quelque chose pour lire ce soir... je ne m'endormirais pas si je n'avais pas toujours un roman à côté de moi ; je ne sais pas ce qu'il m'a donné... Connaissez-vous ça ?

— *Victor, ou l'Enfant de la forêt ?* Non... Est-ce nouveau ?

— Il m'a dit que ça venait de paraître ; et moi, du moment que je vois un titre un intitulé un enfant et une forêt, je suis satisfaite ; je me dis. Il est impossible que ça ne soit pas plein d'intérêt et d'émotion.

— Il n'avance pas, le bateau...

— Pourquoi aussi a-t-on fait les ponts si étroits ?... Il fallait laisser assez de place pour les passants et les bâtiments...

— Ah ! v'là un monsieur qui saute sur le bateau pour traverser plus vite... c'est bien imprudent... et un homme d'âge encore... Comment va-t-il remonter là-bas ?... Ah ! il y est... c'est un homme qui a le pied marin... Pour vous en revenir, ce qui m'inquiète surtout, c'est que j'ai laissé mon lait sur le feu, et il aura bien le temps de monter et de s'enfuir.

— Est-ce que votre fille n'est pas là pour y veiller ?

— Ah ! par exemple, je voudrais bien voir que *Chimène* se dérangeât pour des détails de ménage... Il faut d'abord qu'elle étudie ses rôles, c'est bien plus son *esphère* ; j'achèterai du lait ailleurs, d'autant plus que j'ai l'intention de lui faire pour tantôt un gâteau en *fistule* de pomme de terre... *Chimène* en est passionnée... Ah ! voilà le pont qui tourne, c'est ben heureux !... Eh bien, qu'est-ce donc qui pousse comme ça ?... Est-ce qu'ils croient qu'il n'y aura plus de place dans le faubourg du Temple ?

— Tiens, c'est vot'voisin, M. Grosmignon, un de nos habitués du théâtre, qui apporte toujours des oranges à *Chimène* avec des vers... de la saison... Où donc courez-vous comme ça, voisin ? Il ne m'écoute pas... il faut qu'il soit bien pressé... Il peut-être du lait sur le feu. Ah ! quand je pense que ce pont qui remue, ça me fait toujours un drôle d'effet... de sentir la terre qui danse sous moi, ça me donne comme des *vestiges...* Je ne crois pas que je me porterais

bien dans un pays à tremblements de terre... Etes-vous comme moi, ma belle ?

La grosse maman à laquelle cette question est adressée, et qui marche sur le pont avec autant d'aplomb que la *citadine*, répond en souriant :

— Je ne chancelle jamais... Je ne suis pas tombée une seule fois dans ma vie.

— C'est heureux pour elle, répond un ouvrier en passant ; car qui est-ce qui se chargerait de la relever ?

La mère de *Chimène* a passé le pont ainsi que la grosse dame ; celle-ci tourne à droite, tandis que la première monte le faubourg en lui criant : — Vous demeurez rue Folie-Méricourt, où il y a une pension pour les chiens malades ; j'ai ma cousine qui vient d'y mettre son lévrier... Venez donc à Belleville quand *Chimène* jouera.

Laissons ces dames regagner leur demeure, laissons une foule d'employés qui habitent Belleville se hâter de traverser le pont pour ne pas être trop en retard à leur administration ; ce trajet doit être fatigant pour ceux qui logent près du parc Saint-Fargeau, et travaillent au Trésor ou au ministère de la guerre ; mais à Belleville on est logé à bon marché et on a un *petit jardin*.

C'est surtout le petit jardin qu'affectionnent les employés et les personnes qui sont obligées, pendant la journée, de s'occuper de calcul et d'écriture ; on se dit : Un jardin délasse, on s'y repose des fatigues du jour, du tracas des affaires ; on y respire le parfum des fleurs, on se roule sur le gazon, on y est comme à la campagne. Ce sont les petits jardins qui font accourir à Belleville et aux Batignolles une foule de gens qui sans cela demeureraient encore à Paris.

Et en effet, il est une chose bien agréable qu'un jardin pour une personne qui n'a que son après-dînée pour se reposer ; vous revenez de votre bureau à cinq heures et demie, c'est le plus tôt qu'il soit possible. Si vous habitez *extra muros*, vous arrivez bien fatigué ; vous dînez, c'est la première affaire, et, après votre dîner, sans vous donner le temps de prendre votre café, vous courez à votre *petit jardin* voir comment se porte un arbuste que vous avez planté l'avant-veille. Vous trouvez votre plantation malade, les branches retombent, les feuilles sont flétries ; vous pensez que cela manque d'eau, vous vous hâtez de courir à votre puits, si vous en avez un, à votre tonneau si vous n'avez pas de puits, vous emplissez vos arrosoirs, et vous rendez la vie et la fraîcheur à votre arbuste ; puis, pendant que vous êtes en train, vous voyez qu'il faut aussi de l'eau à vos dahlias, à vos rosiers, à vos fraises, à vos gazons ; bref, il en faut partout, vous arrosez avec une ardeur digne d'un Cincinnatus. Vous mettez à sec votre puits ou votre tonneau ; quand vous avez fini, vous prenez votre *sécateur*, tout individu qui a un jardin, tel petit qu'il soit, doit maintenant avoir un sécateur. Vous passez vos arbres en revue, et vous coupez les branches mortes ou les branches nuisibles ; avec de la bonne volonté vous trouverez toujours quelque chose à couper. D'ailleurs, vous avez acheté un sécateur, c'est pour vous en servir.

Quand vous avez bien coupé, émondé, taillé, vous vous amusez à gratter la mousse qui se forme et s'attache aux branches de vos arbres fruitiers ; pour peu que vous y mettiez de la conscience, et que vous vouliez nettoyer un arbre complètement, vous pouvez passer deux heures rien que sur un abricotier d'une taille moyenne ; certainement vous ne regretterez pas les deux heures passées sur vos arbres dans la soirée. Vous vous apercevez que l'engrais que vous avez acheté pour améliorer votre terrain et faire pousser vos plantes n'est pas convenablement mêlé à la terre ; vous allez chercher votre bêche, et vous vous mettez à retourner le sol ; vous bêchez et vous ôtez en même temps les pierres que vous rencontrez ; vous les mettez en tas, et quand la sueur coule de votre front (on s'échauffe très-facilement à bêcher), vous allez chercher votre brouette pour enlever vos pierres ; si vous n'avez pas de brouette, vous prenez celle de votre fils ou de votre fille ; un petit jardin vaut le contenter d'une petite brouette, seulement vous ferez quatre voyages au lieu d'un.

A peine avez-vous vidé votre brouette, que vous vous mettez à genoux pour arracher vos plantes parasites et faire la chasse au chiendent qui mange vos fleurs et vos fruits ; au bout de quelque temps, vous êtes tout étonné de ne plus distinguer les mauvaises herbes des bonnes ; c'est que la nuit est venue et vous a surpris jardinant encore. Vous vous relevez, vous faites une grimace horrible ; votre derrière vous demande de ce que vous avez (quand on a un peu jardin, on a nécessairement une femme et des enfants).

Vous répondez à votre femme que vous avez très-mal aux reins. Elle vous gronde, parce que vous vous fatiguez trop en jardinant ; pour toute réponse, vous demandez le râteau, et vous vous mettez à ratisser vos allées jusqu'à ce qu'il fasse tout à fait nuit. Encore ai-je connu un monsieur qui avait attaché à son râteau un lanterne, ce qui lui permettait de se livrer à cet exercice pendant que sa famille dormait.

Enfin vous abandonnez le râteau. Votre femme vous dit avec une petite voix douce (presque toutes les femmes ont la voix douce quand leur mari est couché) : — Viens donc te reposer, mon ami, viens t'asseoir sous le berceau ; tu as bien assez travaillé.

Vous cédez aux instances de votre épouse.

venir sous le berceau ; car tel petit que soit un jardin, il y a toujours un berceau. Quelquefois, à la vérité, la vigne ou le chèvrefeuille que l'on a plantés tout autour s'obstinent à ne point grimper sur le treillage pour garnir le sommet de leurs feuilles ; ce qui fait que souvent il n'y a pas d'ombre sous votre berceau ; mais c'est égal, vous allez encore vous y réfugier pendant les grandes chaleurs, et tout en y recevant les rayons du soleil, vous êtes très-content de pouvoir vous dire : — Je suis sous mon berceau.

Et là, ne croyez pas que notre jardinier amateur se laisse aller aux douceurs du repos ; il se rappelle qu'il lui faut des tuteurs pour ses dahlias, il va en chercher ; il prend une serpette, et se met à tailler, à rogner de grands morceaux de bois qui doivent protéger ses fleurs contre le *simoun* de la banlieue. Lorsque enfin, accablé de fatigue, il se décide à aller se coucher, c'est en se promettant d'aller dès le point du jour se *délasser* dans son petit jardin de ses travaux bureaucratiques, avant l'heure où il faut descendre à Paris.

Aux amateurs qui ne veulent point aller chercher des délassements aussi loin, je dirai qu'il y a beaucoup de petits jardins *tout le long du canal*, et que ceux-là n'ont pas besoin d'être arrosés souvent ; ce qu'on peut craindre au contraire, c'est qu'ils ne le soient trop.

Suivons les bords de l'eau ; ce quartier n'est point habité par l'aristocratie ; quelques riches rentiers qui veulent jouir de la vue de l'eau ont cependant pris des logements dans les nouvelles maisons que l'on a construites ; mais, en général, c'est la classe ouvrière qui peuple ces nouveaux quais ; aussi les promeneurs y viennent-ils dans leurs costumes du matin, avec leur veste de travail, leur blouse de l'atelier ; les gens à toilette y sont remarqués ; quand ils y viennent, il est probable que ce n'est pas la promenade seule qui les y attire.

Avec la nuit, les bords du canal prennent un aspect calme, silencieux, qui n'est pas sans charme pour les personnes qui veulent réfléchir ou causer sans témoins. Le gaz n'y répand point encore sa vive lumière, et lorsque la lune ne juge pas à propos de se montrer, il ne faut marcher qu'avec précaution sur ces bords qui ne sont point encore complètement pavés, et rarement garnis de trottoirs.

Vous rencontrez des ivrognes : les ivrognes affectionnent toujours les bords de l'eau, et il est très-rare qu'ils se laissent tomber dedans ; ils marchent en vacillant, non pas au milieu du chemin, ce serait trop raisonnable, mais tout au bord du canal ; ils ont un dandinement continuel, on croirait voir un danseur de corde marcher sans balancier. Vous tremblez pour eux ; mais rappelez-vous donc qu'il y a un dieu pour les ivrognes, pour les amoureux, et pour les enfants.

L'heure s'avance, les promeneurs deviennent rares. Quel est ce jeune couple qui marche si lentement, s'arrêtant quelquefois tout en parlant, ne se quittant pas le bras, se regardant sans cesse, barbotant souvent dans le ruisseau, parce que ni l'un ni l'autre ne songe à regarder ses pieds ?

Ce jeune homme a une veste de drap, un pantalon de toile, une casquette de loutre sur la tête ; ce doit être un ouvrier. La femme a une robe d'indienne, un tablier à raies et un bonnet bien simple, ce qui ne l'empêche pas d'être très-jolie ; ce doit être une grisette.

— Jenny, dit le jeune homme en pressant tendrement le bras qui est sous le sien, soyez tranquille... ne vous faites pas de chagrin... votre frère ne partira pas, vous pouvez rassurer votre mère ; son fils Julien, qu'elle aime tant, ne lui sera pas enlevé, il ne sera pas obligé de la quitter.

— Mais, Pierre, cela ne se peut point ! Mon frère est de la conscription, il est tombé au sort, il doit être soldat ; comment voulez-vous qu'il soit exempt ?... Nous n'avons pas de quoi lui acheter un remplaçant... cela rapporte si peu, la broderie... et puis ma mère est souvent malade... Je ne veux pas qu'elle veille, qu'elle se fatigue à travailler... Ma pauvre mère qui aime tant son fils, son Julien... comme elle sera désolée quand il partira !... Si cela allait la faire mourir !... car elle aime mieux mon frère que moi... et je ne parviendrai jamais à la consoler de son absence.

En disant cela, la jeune fille porte sa main sur ses yeux ; mais le jeune homme s'écrie :

— Encore une fois, Jenny, ne pleurez pas... votre frère restera avec vous... près de votre mère... C'est moi qui le remplacerai... moi, qui ai tiré à la conscription il y a deux ans, et ne suis pas tombé au sort ; moi, qui n'ai plus de parents qui me regretteront, plus de mère à embrasser tous les soirs, à son Julien... comme elle sera désolée quand il partira !... Vous voyez bien que je puis partir, moi...

— Vous, Pierre... vous devenir soldat !... remplacer Julien, mon frère !... Oh ! mais non... vous ne partirez pas... car vous m'aimez, Pierre, et moi, vous savez bien aussi que je vous aime.

— C'est pour cela, Jenny, que je dois faire tout ce qui est en mon pouvoir pour vous rendre heureuse... Votre mère ne m'aime pas beaucoup ; quand je lui témoignai le désir d'être votre mari, elle me disait : Vous ne gagnez pas assez d'argent... Vous n'avez pas un bon état... Ce n'est pourtant pas si mauvais d'être ébéniste, surtout quand on n'est pas paresseux. Enfin, n'importe, je vais partir à la place de Julien, j'y suis décidé... C'était pour vous dire cela que je vous avais demandé un rendez-vous par ici... Je voulais, u-

lement vous prier de m'aimer toujours, de ne pas m'oublier... Quand je reviendrai, votre mère ne me refusera plus pour votre mari, car elle se rappellera que c'est moi qui suis cause que son fils ne l'a pas quittée...

— Ah ! Pierre, c'est bien beau ce que vous faites là pour nous !... Et si je ne vous étais pas fidèle, je serais bien ingrate. Ma mère va être heureuse... contente !... qu'il me tarde de lui apprendre que mon frère ne la quittera pas !

— Eh bien ! allez, Jenny, allez tout de suite lui faire connaître ma résolution. Demain, j'irai lui dire adieu, et j'espère qu'elle me recevra mieux.

— Ah ! Pierre, que vous êtes bon !... Je suis bien contente... et bien triste pourtant...

— Au revoir, Jenny ; allez retrouver votre mère.

Les deux jeunes gens s'arrêtent. Jenny serre la main de Pierre, et fait un pas pour s'éloigner, puis revient vers lui en murmurant encore adieu, et semble prête à accorder un baiser à celui qui fait un si noble sacrifice. Mais le jeune ouvrier la regarde avec tendresse et s'éloigne sans l'embrasser, car il craindrait d'avoir l'air de demander le prix de sa belle action.

Avançons toujours : un peu plus loin, sur une partie fort sombre des quais, ne voyez-vous pas un monsieur mis avec recherche, gants jaunes, canne ciselée, et qui semble entraîner avec lui, plutôt que promener, une jeune femme dont la toilette coquette et la tournure élégante annoncent une habituée du quartier d'Antin ?

La dame parvient à dégager son bras, et s'écrie :

— Où me conduisez-vous, Alfred ? c'est fort triste, fort vilain par ici... Quelle singulière promenade avez-vous choisie... vous avez toujours des idées si bizarres ! Je ne veux pas aller plus loin, je veux retourner sur le boulevard, où nous avons laissé notre voiture.

Le monsieur retient la dame par le bras en lui disant d'une voix qu'il tâche de rendre solennelle :

— Restez, Amanda, restez, ce lieu est propice... Il convient à ce que j'ai à vous dire, au projet que j'ai formé...

— Je vous dis que j'ai peur ici.

— Ne suis-je pas avec vous ?

— Raison de plus. Depuis quelque temps, je ne sais pas ce que vous avez dans la tête, mais vous n'êtes plus aimable du tout.

— Amanda, c'est que je pense, c'est que je réfléchis.

— Je n'aime pas les hommes qui réfléchissent.

— C'est que je roule dans ma tête une idée profonde.

— Est-ce que vous ne pourriez pas aussi bien me la communiquer ailleurs... au spectacle, par exemple ? J'irais volontiers voir les *Pilules du Diable*, ce soir.

— Amanda, il n'est pas question de *Pilules*, c'est mieux que cela que je veux vous proposer ici. Non-seulement vous connaîtrez mon projet, mais encore nous pouvons l'exécuter. Écoutez-moi, Amanda ; depuis un an que je vous connais, et que nous nous aimons, nous avons goûté ensemble toutes les félicités de la vie ; vous avez de la fortune, moi aussi ! ce qui nous a permis de satisfaire toutes nos fantaisies, tous nos caprices même ; spectacles, bals, concerts, promenades, soirées, jeu, toilettes, chevaux, dîners, traiteurs, nous avons usé de tout. Maintenant que nous avons épuisé ce que l'existence offre de plus séduisant et qu'il ne nous reste plus rien à connaître, finissons-en brusquement avec la vie ; quittons-la de façon à faire parler de nous dans tous les journaux... jetons-nous tous les deux dans le canal en nous tenant étroitement embrassés.

— Ah ! quelle horreur ! quelle affreuse idée ! Eh bien ! il est joli, votre projet ! Et c'est pour me dire cela que vous m'avez amenée sur les bords du canal !... Mais c'est indigne. Lâchez-moi le bras, monsieur Alfred, lâchez-moi, tout de suite, ou je crie à la garde !

— Eh quoi ! Amanda, l'idée de mourir avec moi ne vous sourit pas ?

— Non, monsieur, cela ne me sourit pas. Vous devenez fou ou stupide, mon cher ami ; vous n'avez pu faire parler de vous de votre vivant, et vous voudriez qu'on en parlât après votre mort. On dira que vous avez été un imbécile de vous être tué ; si c'est cela qui vous fait envie, moi, cela ne me tente pas du tout.

— Mais, Amanda, cependant, mourir ensemble... dans l'un de l'autre... en faisant la planche...

— Fi donc !... je ne veux pas faire la planche, moi !... Tout est fini entre nous, monsieur, je n'oserais plus me trouver en tête-à-tête avec un homme qui veut se tuer... qui ose me proposer de me jeter dans le canal. Prenez un caniche pour compagne, monsieur, et il acceptera peut-être votre proposition, parce qu'il aura le talent de se retirer de l'eau et de vous y laisser ; mais moi... retourner avec vous, jamais !... d'ailleurs, j'aurai soin de vous consigner au concierge.

— Amanda, de grâce, écoutez-moi !

— Ne m'approchez pas, ou j'appelle du monde, et je vous fais arrêter. Adieu, monsieur Alfred ; les *Werther* et les *Antony*, c'est bon au théâtre, mais il ne faut pas que cela dépasse la rampe.

En achevant ces paroles, la jeune dame a pris sa course par une des rues qui conduisent au boulevard, et M. Alfred reste seul sur les bords du canal, tout déconcerté du peu de succès de sa proposition. Il se promène quelque temps d'un air indécis ; tout à coup il se dirige du côté de l'eau, enjambe par-dessus les chaînes, s'approche du bord, se penche... va-t-il se lancer?... Non, il tire son mouchoir de sa poche, se mouche, puis reprend sa course plus vite qu'il n'est venu, et regagne les boulevards en se disant :

— J'attendrai que j'aie trouvé une femme qui veuille me tenir compagnie.

Laissons aller ce fou, cette tête exaltée, qui croit avoir épuisé toutes les jouissances de la vie, et n'a peut-être jamais secouru un malheureux, jamais reçu le baiser d'un fils, jamais senti son cœur battre pour son pays. Ces gens-là se tuent pour qu'on lise ensuite le récit de leur mort dans un fait Paris. Quand le ridicule aura fait justice de cette nouvelle folie, elle sera moins contagieuse.

— Soyez tranquille, Jenny, votre frère ne partira pas.

Mais il est minuit, les bords du canal sont déserts : quelle est donc cette petite fille qui court seule sur ce quai ? Elle a douze ans tout au plus ; sa figure pâle, fine et distinguée, exprime la douleur, le désespoir même ; de grosses larmes tombent de ses yeux, des mots entrecoupés s'échappent de sa bouche.

— Où allez-vous, mon enfant ? dit un monsieur qui se trouve sur le chemin de la petite fille, et a été frappé du désordre de sa mise, de ses traits. Où donc courez-vous seule... si tard ?

— Je ne sais pas, monsieur.

— Comment ! vous ne savez pas où vous allez ?

— Non, monsieur, mais je m'en vais... car je ne peux pas rester... Je ne peux pas voir battre maman, ça me fait trop de peine.

— Voyons, calmez-vous, contez-moi vos chagrins.

— Ah! monsieur, c'est que mon père est rentré bien tard... alors il est gris, et il est bien méchant... Il bat maman... elle pleure. Oh! je m'en vais, monsieur, car je ne puis pas voir pleurer maman... Je ne reviendrai plus chez nous... Non... je n'y retournerai plus jamais.

Et la petite fille voulait encore courir, marcher au hasard ; son cœur se révoltait déjà devant une injustice, sa jeune tête s'enflammait, et cette imagination de douze ans ne pouvait concevoir que l'on restât froidement témoin d'une souffrance que l'on ne pouvait adoucir. Sera-t-elle aussi sensible étant femme, celle qui sentait aussi vivement étant enfant ?

Ce n'est pas sans peine que le monsieur fait comprendre à la jeune fille que sa fuite augmenterait la douleur de sa mère, et que son devoir est de rester près d'elle pour partager ses chagrins.

L'enfant est rentrée : il ne passe plus sur les bords de l'eau que des amoureux, des ivrognes, des voleurs, ou quelques habitants du quartier qui sont en retard parce qu'ils ont été à un théâtre où l'on jouait trois drames et deux vaudevilles dans la soirée, ce qui est très-imprudent quand on demeure sur les bords du canal.

DEUX MARIS.

Heureux les pauvres d'esprit ! le royaume des cieux leur est promis.

A chaque pas que nous faisons dans la vie, il nous est facile de sentir la justesse de ces paroles de l'Écriture. Et pourtant il est encore des incrédules, des gens qui doutent de tout ou qui veulent tout approfondir, fût-ce même au risque de perdre des illusions qui font leur bonheur; ceux-là sont, je crois, des sots; et les pauvres d'esprit, qui ne doutent jamais ni de la fidélité de leurs femmes ni du dévouement de leurs amis, ne sont pas, il me semble, aussi niais qu'on veut bien le dire.

Et pourquoi donc être incrédule? saint Thomas s'en est-il bien trouvé? A quoi nous servirait d'avoir d'immenses bibliothèques, si vous ne voulez croire ni aux prodiges, ni aux prouesses, ni aux miracles du bon vieux temps ; si les vieilles chroniques ne sont pour vous qu'un tissu de faussetés; si l'histoire même de nos premiers rois semble apocryphe; si vous doutez du déluge et de la pluie de feu qui embrasa Sodome et Gomorrhe?

Selon les pyrrhoniens, Xerxès n'est point entré dans la Grèce avec cinq millions d'hommes, il n'a point fouetté la mer; une louve n'a pas été la nourrice de Romulus et de Rémus; Œdipe n'a point tué son père, vu qu'il ne connut jamais au juste ses parents ; le doge de Venise n'épouse point la mer Adriatique en jetant un anneau dans son sein ; Sara n'avait pas *cent trente ans* lorsqu'elle fit la conquête du pharaon d'Égypte ; Mutius Scævola n'a pas tenu en présence de Porsenna son bras sur un brasier ardent, l'œil fixé fièrement sur le roi des Toscans, parce qu'un homme dont le bras rôtit doit involontairement faire la grimace ; il n'est point apparu de fantôme au second Brutus ; le grand Constantin n'a pas aperçu le *Labarum* dans les airs ; enfin, les sorcières ne vont point au sabbat à cheval sur un manche à balai.

J'ai deux amis, dont l'un est pyrrhonien, refusant sans cesse de croire, à moins qu'on ne lui fournisse des preuves, et par conséquent désenchanté sur la plupart des jouissances de la vie, dans lesquelles il faut chercher le moins de preuves possible.

— Il est gris, et il est bien méchant. Il bat maman... elle pleure.

L'autre, au contraire, a une foi constante, aveugle ; il croit à la racine de Circé, à l'herbe du pêcheur Glaucus, au mouchoir du grand Albert, à l'anneau de Salomon, au rameau d'or, à la bourse de Fortunatus, à la pierre philosophale, à l'eau de Jouvence, aux songes, aux cartes, à Matthieu Laensberg, à mademoiselle Lenormand ; il croit enfin jusqu'aux nouvelles des journaux.

Ces messieurs sont mariés tous deux, tous deux ont une jolie femme ; car pour l'un la beauté est du positif, et pour l'autre c'est une source de plaisirs. Mais l'un jouit paisiblement de son bonheur, tandis que l'autre fait tout son possible pour détruire le sien. Or, un jour, voici ce qui arriva.

Nous devions aller passer la journée à la campagne ; c'était une partie depuis longtemps projetée ; mais, la veille, la femme de mon ami le pyrrhonien se sent des spasmes, des étouffements, des vapeurs.

Le lendemain elle se déclare fortement indisposée ; il lui est impossible de quitter sa chambre ; mais elle ne veut pas que pour elle son époux se prive d'une partie de plaisir, et elle le supplie de se rendre au rendez-vous.

Par un hasard assez singulier, la femme de mon ami qui croit tout ce qu'on lui dit avait ressenti la même indisposition, et elle était aussi restée chez elle, ayant engagé son mari à s'amuser sans s'inquiéter de sa santé, lui assurant que son indisposition n'aurait pas de suites fâcheuses.

Me voilà donc entre mes deux maris garçons, dont l'un rit, chante, et n'a point de soucis, tandis que l'autre murmure entre ses dents :
— C'est bien étonnant que nos femmes soient justement malades toutes deux en même temps... Hum !... je ne crois guère à ces indispositions subites !... Cela cache quelque projet...

Il était convenu que nous irions à Meudon. A peine sommes-nous en voiture, que mon pyrrhonien, impatienté de la bonne humeur de notre compagnon, lui dit :
— Cela ne vous semble donc pas singulier que votre femme soit malade positivement aujourd'hui où nous étions convenus d'aller à Meudon ?
— Je ne vois rien d'extraordinaire à cela... Pourquoi ma femme ne serait-elle pas malade ? La vôtre ne l'est-elle pas aussi ?
— Oui... à ce qu'elle m'a dit !... Mais je ne suis pas obligé de le croire.
— Moi, je ne mets jamais en doute ce que me dit la mienne.

Notre voiture roulait toujours ; tout à coup notre incrédule tire le cordon, fait arrêter le cocher, ouvre la portière et descend en nous disant :
— Je vous rejoindrai à Meudon, messieurs ; je suis bien aise de m'assurer de la santé de ma femme.

Il est déjà bien loin ; nous nous regardons, mon ami et moi ; enfin mon compagnon s'écrie :
— Ce qu'il fait là est fort malhonnête ! nous laisser ainsi pour retourner voir sa femme !... qui dort probablement, et qu'il va réveiller !...

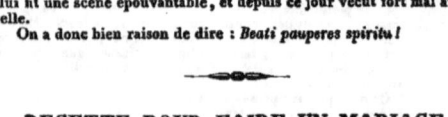

— C'est bien étonnant que nos femmes soient justement malades toutes deux en même temps.

— Je trouve aussi qu'il a grand tort !... Un homme qui sait vivre ne se conduit pas de la sorte.
— Il est stupide avec sa méfiance. Nous devrions nous venger de lui.
— Je le veux bien ; mais comment ?
— Il doit venir nous retrouver à Meudon, allons ailleurs ; la voiture est à nous pour la journée, nous pouvons nous faire conduire où bon nous semble. Le principal est que ce maudit jaloux ne nous retrouve pas.
— Ma foi, je le veux bien.
— Où irons-nous ?
— N'importe, pourvu que ce soit d'un côté opposé.
— Eh bien !... allons... à Vincennes.
— Va pour Vincennes !

L'ordre est donné au cocher ; il rebrousse chemin, et nous voilà partis pour Vincennes, riant beaucoup de la figure que fera notre pyrrhonien en nous cherchant à Meudon.

Nous arrivons à Vincennes, nous allons déjeuner d'abord, puis sortons à pied pour nous promener dans le bois.

La journée était superbe ; la campagne était charmante. Tout en parcourant les allées les plus touffues du bois, mon ami répétait :
— Je n'ai qu'un regret, c'est que ma femme soit malade ! Elle aurait eu tant de plaisir à parcourir avec nous ce joli bois, à courir à se rouler sur l'herbe !... Pauvre chère amie !... nous lui rapporterons des macarons, n'est-ce pas ?
— Nous lui rapporterons tout ce que vous voudrez.
— Oh ! je sais qu'elle aime les macarons ; d'ailleurs, la moindre des choses lui fera plaisir ; elle se dira : mon *Bichet* a pensé à moi... Elle m'appelle son *Bichet*.
— C'est un nom comme un autre.

Nous causions de la sorte, lorsqu'en détournant d'un sentier, nous nous trouvons vis-à-vis d'un jeune couple qui sortait de dessous l'ombrage. Mon ami pousse un cri de surprise en reconnaissant sa femme et son cousin.

La jeune dame semble un moment interdite, mais elle se remet bientôt, et s'écrie :
— Ah ! vous voilà, messieurs ! Nous vous cherchons depuis une heure avec mon cousin. J'avais dit à mon mari que j'étais malade, mais c'était afin de venir vous surprendre... N'est-ce pas, mon ami, que tu ne t'attendais pas à me rencontrer ?
— Ma foi, non ; mais comment as-tu deviné que nous étions à Vincennes ?... Nous devions aller à Meudon...
— Est-ce que je ne vous suivais pas par derrière avec mon cousin ? Nous avons vu votre voiture tourner bride, nous avons aussi tourné bride avec le cabriolet ; et pendant que vous déjeuniez... car vous venez de déjeuner, je gage ?...
— Certainement.
— Eh bien ! c'est pendant ce temps que nous sommes venus vous attendre dans le bois.
— Oh ! c'est charmant !... Voilà une aimable surprise !... Embrasse-moi, ma femme... Comme vous êtes gentils d'être venus ! Nous allons bien nous amuser, n'est-ce pas, ma bonne ?
— Oui, mon Bichet.
— Voyez-vous... je suis son Bichet.

Et, en effet, nous passâmes une journée fort gaie ; chacun fut de bonne humeur, à commencer par *Bichet*, qui était enchanté de la surprise que sa femme lui avait ménagée ; tandis que mon ami le pyrrhonien, qui avait trouvé sa femme dans la société d'une personne qu'il n'aimait pas, lui fit une scène épouvantable, et depuis ce jour vécut fort mal avec elle.

On a donc bien raison de dire : *Beati pauperes spiritu !*

RECETTE POUR FAIRE UN MARIAGE.

I.

Je connais une dame qui a la manie de faire des mariages ; je dis manie, car si c'était intérêt, spéculation ou gourmandise, je comprendrais l'empressement qu'elle met à se charger de ces sortes d'affaires ; mais elle n'en retire aucun profit. Elle ne danse pas, ne mange guère : quel plaisir trouve-t-elle donc à aller à la noce ? Est-ce pour entendre plus tard les plaintes, les reproches de ceux qu'elle a liés ? ce qui doit être plus fréquent que les remercîments des heureux qu'elle a faits. Il y a dans le monde de ces bizarreries qu'on ne saurait expliquer.

Cette dame a toujours une grande quantité de demoiselles à pourvoir, de jeunes, de mûres... (on ne dit jamais de vieilles), d'aimables,

2

de douces, de spirituelles, rarement de riches ; celles qui le sont n'ont pas besoin qu'on s'occupe de leur trouver des maris : elles n'ont que l'embarras du choix. Mais si les partis qu'offre madame B... ne sont pas bien pourvus du côté de la fortune, ils sont toujours riches de vertus et de qualités.

Malheureusement pour les demoiselles pauvres, nous sommes dans l'âge d'or ; c'est-à-dire dans l'âge où l'or est considéré comme la première puissance de la terre, comme la véritable force motrice qui donne le mouvement à tout ; où il a le pas sur l'innocence et bien souvent sur les talents ; et, s'il faut le dire, je crois qu'il en fut ainsi de tout temps. Les hommes d'autrefois ne valaient pas mieux que les hommes d'aujourd'hui ; l'histoire est là pour nous en convaincre. Que de crimes, de fourberies, et toujours pour de l'or ! On se courbe devant la puissance, parce que la puissance distribue les faveurs, les emplois, et que les emplois font avoir de l'or. « Que faut-il pour faire la guerre? disait le grand Frédéric : de l'argent, de l'argent, et de l'argent ! »

Ces mots du roi de Prusse peuvent s'appliquer à tout. Que faut-il pour être considéré, encensé, pour faire l'amour, pour marier les jeunes filles? de l'argent, de l'argent, et de l'argent.

Vous me répondrez : J'en connais qui n'ont rien, et qui se marient pourtant.

J'en conviens, il n'y a point de règle sans exception et ce que j'ai à vous raconter en est la preuve ; mais que de peines, de tracas, d'attente avant d'arriver au but ! et est-ce vraiment l'avoir atteint que d'être obligé, pour ne pas mourir dans le célibat, de se lier à un être pour lequel on n'éprouve aucune sympathie, qui souvent même nous déplaît !

Mais laissons ces réflexions, qui nous entraîneraient trop loin, et revenons à cette dame qui aime tant à faire des mariages.

Madame B... ne peut pas me marier, puisque je le suis ; mais elle ne me voit pas sans me dire :

— Trouvez-moi donc un parti pour ma petite Célestine !... c'est une si bonne fille ! si douce, si aimable, un caractère comme on en rencontre rarement ! Jamais de mauvaise humeur !... jamais boudeuse... toujours contente... même lorsqu'elle a mal aux dents ! Ah ! qu'un mari sera heureux avec cette femme-là !

— A-t-elle une dot ?

— Hélas ! non... Vraiment, si elle avait une dot, il y a dix ans qu'elle serait mariée !

— Dix ans ! Quel âge a donc votre petite Célestine ?

— De vingt-sept à vingt-huit ans... Mais l'innocence même ; quant à cela, si je ne me trompe !

— Si je ne me trompe, il me semble qu'elle est considérablement laide ?

— Oh ! par exemple !... quelle méchanceté ! Elle n'est pas jolie... c'est vrai, surtout depuis qu'elle a eu la petite vérole et qu'il lui en est resté un œil qui pleure toujours ; mais cela ne s'aperçoit pas quand elle rit : je vous assure qu'elle n'est pas laide... elle n'a rien de repoussant. Elle est même très-agréable...

— Ah ! oui, il est bien, son sourire !... il fait voir ses gencives, et ses dents qui ont l'air de défenses de sanglier !...

— Ah ! vous outrez les choses... Ses dents sont un peu longues, un peu jaunes ; c'est vrai... mais elles ne sont pas gâtées.

— C'est dommage... Et elle est d'une maigreur !...

— Je conviens qu'elle n'a pas d'embonpoint, que ses genoux battent un peu le briquet en marchant ; mais tout cela n'empêche pas que ce ne soit une excellente fille, très-laborieuse, très-économe, qui tiendrait fort bien un ménage...

— Mais je crois qu'elle ne tiendrait pas longtemps son mari : des genoux cagneux... c'est fort laid. Je sais que cela n'empêche pas de bien soigner un potage, mais je crois que cela empêche les sentiments.

— Eh ! mon Dieu ! mon cher ami, que vous êtes drôle ! d'où sortez-vous donc? Est-ce qu'on se marie toujours pour le sentiment?...

— Alors, quand ce n'est pas pour cela, c'est pour l'argent.

— Pas du tout. On se marie pour ne pas être seul... pour avoir une compagne... pour se marier, enfin !...

— Ah ! oui, j'entends... Comme dit Béranger, c'est pour trouver, entrant chez moi, des pantoufles et des égards.

Madame B... avait beau dire ; je ne croyais pas qu'il fût facile de marier mademoiselle Célestine, et d'ailleurs je ne m'en occupais nullement ; mais un jour le hasard veut qu'un de mes amis me dise :

— Je connais un jeune homme qui désirerait se marier... auriez-vous une femme à lui offrir.

Je me mets à rire, car je me rappelle mademoiselle Célestine, et je réponds :

— J'aurais bien une demoiselle à vous proposer, mais votre jeune homme n'en voudrait pas.

— Pourquoi donc ?... Oh ! il ne serait pas difficile... je commence par vous dire qu'il ne tient pas à l'argent, mais il veut que sa femme ait un état.

— Un état... justement celle-là est frangère.

— Frangère, ça lui conviendrait. Il est employé, il a seize cents francs d'appointements, et de plus il a un petit commerce de bouchons qui lui rapporte quatre à cinq cents francs ; il voudrait une femme pour tenir sa maison et ses bouchons pendant qu'il est à son bureau.

— Mais quel âge a votre jeune homme ?

— De trente-six à trente-huit ans.

— Diable ! c'est un jeune homme dans sa maturité !...

— Voyons, mon cher, faites-nous voir votre demoiselle. Que dia je pense que la vue n'en coûte rien.

— Je le pense aussi ; mais ce n'est pas moi qui la fais voir ; je vous conduirai chez une dame de ses amies qui désire beaucoup la marier et là, vous vous arrangerez, car pour moi je vous préviens que je ne fais pas de mariages.

Dupont (c'est le nom de mon ami) me prie très-instamment de le conduire chez cette dame. Je m'aperçois que Dupont aime beaucoup à faire des mariages ; mais à lui je le pardonne, je sais que c'est pour le plaisir d'aller à une noce et de s'y donner une indigestion.

Je mène Dupont chez madame B... ; elle pousse un cri de joie en apprenant le sujet de notre visite. Elle et Dupont s'entendent bientôt comme s'ils se connaissaient depuis vingt ans ; leur dialogue est vif et coupé comme celui de Marivaux :

— Votre ami est-il beau ?

— Non.

— Tant mieux.

— Et votre demoiselle ?

— On ne peut pas de sa figure.

— Je comprends, ça nous va.

— Mais laborieuse, douce, complaisante, économe, rangée...

— Très-bien : point d'argent ?

— Un petit trousseau et des espérances.

— C'est assez.

— Votre ami a un emploi ?

— Seize cents francs de traitement et un petit fonds de bouchons.

— Cela s'accorde parfaitement.

— L'âge de votre demoiselle ?

— Age... raisonnable.

— Ça nous va encore ; mon ami ne veut pas avoir d'enfants...

— Célestine n'y tient pas du tout.

— Ils sont faits l'un pour l'autre.

— Il faut décider l'entrevue...

— Le plus vite possible.

— Après-demain ?

— Après-demain soit. Où ?

— Au Jardin-Turc, le soir, pendant le concert.

— J'y consens ; ce n'est que vingt sous d'entrée, mon ami peut se permettre ça.

— Ainsi après-demain au Jardin-Turc, à huit heures.

— Nous y serons.

— J'aurai un chapeau lilas... d'ailleurs monsieur sera avec nous.

— C'est dit.

C'était ainsi que madame B... venait de désigner pour lui donner le bras et la conduire au Jardin-Turc. Il n'y avait pas à reculer ; mais comme je ne m'étais pas encore trouvé à une entrevue de ce genre, je ne refusai point madame B..., curieux de voir comment cela se passerait.

II.

Le jour indiqué, je me rends chez madame B..... une heure avant celle marquée pour l'entrevue, parce que je désire apprendre ce que Célestine a dit du projet de son amie, et je sais que notre marieuse n'est point avare de détails.

Je trouve tout en désordre chez madame B..... ; je vois des apprêts de toilette, des fichus, des collerettes, des fleurs artificielles ; des rubans sont étalés sur un sofa ; la domestique va et vient en tenant un fer à papillotes à la main. Cependant madame B..... est entièrement parée.

— Que va-t-il donc se passer chez vous ? dis-je en regardant tous les chiffons que l'on développait autour de moi.

— Comment, mon cher ami, vous ne devinez pas ! Nous allons procéder à la toilette de la jeune fille à marier ; c'est ici que nous y donnerons la dernière main, car Célestine n'a pas beaucoup de goût ; elle n'est même pas assez coquette, et je gage qu'elle sera attifée comme une provinciale ; il est indispensable que je mette la main à sa parure.

— Alors je suis venu trop tôt ; je vais m'en aller.

— Non, non, vraiment !... D'abord elle ne changera pas de robe, elle doit avoir mis sa plus belle ; ensuite vous êtes sans conséquence, vous, puisque vous n'avez aucune prétention sur Célestine.

— Aucune, je vous le certifie.

— Vous voyez bien que vous pouvez rester ; il n'y a même pas de mal à ce que Célestine s'habitue à se parer un peu devant un homme...

— Et que dit-elle de votre projet ?

— Elle est dans l'enchantement !... elle n'a pas dormi, pas mangé depuis !... elle ne sait plus ce qu'elle fait, ce qu'elle dit... enfin elle en perd la tête !...

— Pauvre fille ! peut-être sera-t-elle moins enchantée en voyant le prétendu.

On sonne à casser la sonnette.

— Voilà Célestine ! s'écrie madame B.....

En effet, c'est la demoiselle à marier, qui entre comme une effarée en disant :

— J'ai peut-être sonné un peu fort, ma bonne amie, mais c'est que je ne trouvais plus la sonnette... depuis ce matin je ne suis pas ce que j'ai... je ne trouve plus rien !... Ah ! pardon, monsieur, je ne vous avais pas vu.

Je considère Célestine ; jamais elle ne m'a semblé si laide ; elle a une robe de taffetas gorge-de-pigeon, un bonnet et un chapeau pardessus, un fichu de dentelle noire qui lui monte jusqu'aux oreilles ; avec tout cela un air roide, gauche, et les yeux rouges comme un lapin.

— Ah ! ma chère ! comme tu es mal arrangée ! dit madame B..... en courant ôter le chapeau à Célestine. Quelle idée de se coiffer ainsi ! C'est bien heureux que je t'aie dit de venir de bonne heure...

— Je croyais que ce chapeau m'allait bien.

— Il te va horriblement... Ah ! mon Dieu ! ton œil pleure plus qu'à l'ordinaire ce soir !... c'est désagréable. Est-ce que tu as épluché des oignons ?

— Oh ! par exemple...

— Nous te mettrons sur la tête un petit bouquet qui descendra sur ton œil... Tu vas voir... et ce fichu noir... ça te rend encore plus maigre. A quoi penses-tu de te maigrir ?... comme si tu ne l'étais pas assez !... Je vais te prêter une pèlerine blanche... Pourquoi donc ne t'es-tu pas fait un peu de hanches ?... tu as l'air d'un manche à balai...

— C'est que je n'aime pas mettre du faux, moi !

— Quelle simplicité !... du faux !... du faux !... quand on n'a pas du vrai, il faut bien se faire quelque chose... Justine, apportez-moi une tournure en soie empesée.

— Ma bonne amie, j'ai rêvé cette nuit que je voyais un cheval rouge qui galopait dans les airs.

— C'est très-bon signe... cheval rouge, c'est réussite dans nos entreprises... il galopait, c'est que ton mariage se fera vite...

— Et puis je montais sur le cheval...

— Toujours bon signe... Assieds-toi là, que je te recoiffe...

Madame B..... essaye plusieurs fleurs sur la tête de Célestine ; à chacune on me consulte.

— Comment la trouvez-vous avec ce jasmin ?

— Mais le jasmin n'est pas laid...

— C'est trop pâle... Essayons ce coquelicot... Hein ? qu'en dites-vous ?

— J'aime assez le coquelicot.

— Non, c'est trop foncé... Voyons ces jonquilles... La trouvez-vous mieux ainsi ?

— Les jonquilles ne sont pas désagréables.

— Ah ! mon Dieu ! qu'est-ce que j'allais faire, moi !... un bouquet jaune !... fi ! l'horreur !... Otons cela bien vite !... Ah ! cette rose, n'est-ce pas ?

— Je vous avoue que la rose me séduit moins...

— Vous avez tort... Tu garderas la rose, Célestine... Mon Dieu ! comme ton œil pleure ce soir ! Tu le baisseras, entends-tu ?

— Et l'autre, ma bonne amie ?

— L'autre aussi, cela va sans dire ; tu ferais une jolie grimace si tu essayais d'en lever un et de baisser l'autre ! Je vais te remettre encore deux petits peignes, et tu seras charmante.

La pauvre fille se laissait coiffer comme on voulait ; mais pendant que madame B..... lui attache les petits peignes, je lui entends dire à demi-voix :

— Quel âge avez-vous annoncé, ma bonne amie ?

— Vingt-huit ans.

— Je vous avais priée de dire trente-deux.

— Laisse-moi donc faire. Quand une femme se donne vingt-huit ans, on est très-bien qu'elle en a trente-deux.

— Mais puisque j'en ai trente-cinq...

— Ça ne fait rien du tout !... pourvu que tu ne les paraisses pas.

Enfin la toilette est terminée ; madame B... fait lever Célestine ; elle la fait tourner, marcher devant elle, en lui disant :

— Tiens-toi moins roide... là... Ne balance ton bras gauche comme une aile de moulin... Très-bien... Qu'en dites-vous, monsieur ?

— Moi, madame, je n'ai point d'avis ; telle est mon opinion.

— Vous ne vous compromettez pas. Mais voilà huit heures ; il faut partir.

— Déjà huit heures ! s'écrie Célestine en pâlissant. Ah ! ma bonne amie, je crois que je vais me trouver mal !

— Ne t'en avise pas ! et devant le monsieur ne va pas faire de ces bêtises-là. Un homme qui n'a que seize cents francs d'appointement et qui vend des bouchons n'épouserait point une femme qui aurait des vapeurs et s'évanouirait ; il faut apporter une grosse dot à son époux pour se permettre ces minauderies-là. Partons.

— Un instant, mesdames ; il faut qu'on aille nous chercher une voiture, d'abord.

— C'est inutile ; il fait beau, ce n'est pas loin ; nous irons bien à pied.

— Non, je vous déclare que je ne vais pas à pied, moi.

— Vous êtes par trop galant.

Il n'y avait pas du tout de galanterie dans mon fait, mais je ne voulais pas sortir avec mademoiselle Célestine sous mon bras ; je la trouvais épouvantable ; les fleurs et les rubans dont on avait orné sa tête ajoutaient à sa laideur en la faisant remarquer ; je pensais déjà que ce serait un terrible moment que celui où il faudrait entrer avec elle dans le Jardin-Turc, et je regrettais d'avoir accepté d'être le conducteur de ces dames.

La voiture est en bas, nous descendons. Dans l'escalier, Célestine marche cinq ou six fois sur sa robe, et elle tombe deux fois sur mon dos.

— Vous voyez bien, dis-je à madame B..., que j'ai eu raison de prendre une voiture ; Célestine ne serait jamais arrivée ce soir au Jardin-Turc.

— C'est le bonheur qui lui fait emmêler ses jambes.

— Si cette femme-là était longtemps heureuse, elle ne tarderait pas à se casser le nez.

III.

Nous sommes arrivés ; je vois avec douleur qu'il y a foule au Jardin-Turc ; on exécutait ce soir-là un concert monstre. L'affluence était considérable. Je prends mon parti en brave, j'enfonce mon chapeau en arrière, je lève fièrement la tête, et je me dis : — On nous prendra pour des étrangers.

Je ne sais pas pour qui on nous prend, mais j'entends sur notre passage un murmure, des rires, des chuchotements qui ne me font pas grand plaisir. J'entraîne ces dames, je renverse quelques chaises ; je crois que je renverse aussi une glace que portait un garçon ; enfin nous sommes assis. Je voulais me mettre dans un bosquet ; mais on a donné le rendez-vous sur la terrasse, il faut donc y rester.

La musique monstre se fait entendre. Ces dames n'écoutent guère ; elles cherchent des yeux Dupont et son ami ; ils ne sont pas encore venus. J'aperçois quelques jeunes gens qui s'arrêtent près de nous pour considérer Célestine ; l'un d'eux murmure en s'éloignant : Elle est comme le concert. Je suis parfaitement de son avis.

On jouait le charmant quadrille de Venise. J'avais oublié mes deux dames ; j'étais tout oreille, surtout lorsque le délicieux cornet à piston exécutait un solo ; mais au beau milieu d'un passage madame B... s'écrie !

— Les voilà !

Ce les voilà ! a été crié si fort, que tout le monde s'est retourné pour nous regarder, et chacun murmure :

— Ah ! les voilà !... qui donc ?... Est-ce qu'on attend quelques princes, quelques célébrités ici ?

Jugez de la surprise générale en apercevant les deux messieurs pour qui l'exclamation a été prononcée. Dupont est un homme ordinaire ; mais son jeune homme vaut la peine d'être détaillé : c'est un grand corps qui a près de six pieds d'élévation, et qui semble vouloir jouter pour la maigreur avec l'homme squelette qui se faisait voir sur les boulevards : la tête est séparée de ses épaules par un cou qui ferait envie à la girafe. Son teint est olivâtre, et son nez tellement camus que loin on jurerait qu'il n'en a pas. Enfin il a un pied bot, ce qui donne à sa marche un dandinement continuel qui ne peut point passer pour de la grâce.

J'entends rire de tous côtés. — C'est la soirée monstre ! dit l'un.

— C'est plus fort que le concert, dit l'autre.

Pendant ce temps, ces messieurs arrivent jusqu'à nous. J'avais eu soin de leur garder des chaises ; mais, même étant assis, la tête du jeune homme à marier dépasse toutes celles de la réunion.

On s'est assis en silence ; on échange les politesses d'usage ; mais Dupont et madame B... portent seuls la parole. Célestine n'ose pas lever les yeux ; maintenant je sais pourquoi ; le jeune homme s'incline, salue, et ne parle pas ; moi, je me contente d'observer.

Cependant le temps s'écoule : les jeunes gens à marier ne se sont encore rien dit ; mais le monsieur, en regardant Célestine, a fait une grimace qui a fait disparaître entièrement son nez, et Célestine, après avoir risqué son œil qui ne pleure pas, pour examiner son futur, a fait aussi une moue qui n'annonce pas précisément de la satisfaction.

Je vois que madame B... a de l'humeur ; elle pousse Célestine par le coude, et lui dit à l'oreille :

— Ne pince donc pas ta bouche comme cela, ça te donne l'air bête. Je ne t'ai pas dit non plus de ne regarder que la pointe de tes souliers.

— Oh ! j'ai regardé autre chose, et j'aurais aussi bien fait de ne pas lever les yeux.

— Pourquoi donc cela ?

— Parce que je trouve ce monsieur très-vilain.

— Ma chère, il ne faut pas tant faire ta difficile quand on a trente-cinq ans et pas le sou... D'ailleurs, tu n'es pas belle non plus, il s'en faut.

— C'est possible, mais je n'ai pas un pied bot, moi.
— Qu'importe? ça ne se voit pas quand on est couché!
— Je ne me marie pas pour être toujours couchée !
— Prends garde de ne pas l'être du tout

Pendant ce dialogue avait lieu à ma gauche, le suivant s'établissait à ma droite :
— Eh bien, mon ami, vous ne dites rien à cette demoiselle ?
— C'est que je ne trouve rien à lui dire !
— Vous auriez dû mettre deux cravates, ce soir.
— J'en ai mis trois.
— Alors, vous auriez dû en mettre quatre, ça garnit le cou. Que pensez vous de la demoiselle?
— Je la trouve bien laide.
— Elle n'est pas positivement jolie, mais elle a une de ces figures auxquelles on s'accoutume... Et puis, les vertus, les qualités, voilà l'essentiel dans un ménage.
— Oui, mais... elle est trop laide !
— Eh ! mon cher ami, est-ce que vous vous croyez un *Spartacus*, vous ! avec votre pied bot, votre long cou et votre méchant nez ?
— Je sais bien comment je suis... ça n'empêche pas d'aimer la beauté.
— Je vous conseille de l'aimer de loin. Quand on on n'a que votre place et des bouchons à lui offrir, la beauté nous tient rigueur.
— Alors, je ne me marierai pas.
— Et on dira : Il ne s'est pas marié parce que personne n'a voulu de lui.

On cesse de parler. Dupont n'est pas content ; il voit s'évanouir le repas de noces qu'il lorgnait dans la perspective ; madame B... est très-contrariée parce que c'est le neuvième parti que Célestine manquera. Le jeune homme frappe la mesure avec son pied bot, et a l'air de ne s'occuper que de la musique; et Célestine commence à regarder à droite et à gauche, la présence de ce monsieur lui étant devenue fort indifférente.

Le temps se passait ; on jouait l'avant-dernier morceau du concert. J'examinais en silence les deux personnages qu'on avait voulu marier, et je commençais à trouver qu'ils étaient fort bien assortis. Dupont et madame B... perdaient au contraire toute espérance de les unir.

Il me passe par la tête l'idée la plus bouffonne, et tandis que Dupont me dit d'un air piteux :
— C'est une affaire manquée !... et que madame B... répond :
— Il y a incompatibilité d'humeur ;
Je leur glisse dans l'oreille un *peut-être !* qui les fait tressaillir de joie ; puis je m'adresse tout haut à la société :
— Il me semble que nous pourrions maintenant faire autre chose que d'écouter la musique. Allons nous placer dans un de ces bosquets, devant une table. Je propose et j'offre du punch à la société ; cela nous animera un peu, je l'espère, et je crois que nous en avons besoin.

Ma proposition est acceptée. Je prends bravement le bras de Célestine... (Il faut dire que la moitié des assistants était partie.) On me suit ; j'entre dans un bosquet, et je demande un bol de punch au rhum.

Le punch arrive ; je verse.
— Je l'aime beaucoup, dit Célestine ; mais je n'en bois jamais... je crains que cela ne me porte à la tête.
— Eh ! mon Dieu ! ma chère, il n'est plus question de faire petite bouche, dit madame B... ; tu l'aimes, bois-en !... Si ça te porte à la tête, tu feras un peu plus la paresseuse demain.

M. Pincelure, c'était là le nom du grand jeune homme, s'écrie :
— Moi, je puis boire du punch sans jamais en être incommodé Quand je servais à l'armée française en Espagne, j'en buvais très-souvent... J'ai une forte tête, rien ne me fait mal.

Je soigne M. Pincelure, qui avale le punch comme du petit-lait, et Célestine, qui paraît s'y être accoutumée, ne fait plus aucune façon pour en boire. Notre bol n'est pas achevé que j'en ai demandé un second. Ainsi que je l'avais prévu, nous sommes beaucoup plus gais qu'avant d'être sous le bosquet. Madame B... fredonne avec l'orchestre le galop de *Gustave*. Dupont se dandine sur sa chaise, se bourre de macarons, et lorgne les dames ; M. Pincelure parle à tort, à travers, et Célestine rit.
— Ma foi, vive la musique ! dit le grand monsieur, ça met en train... J'aime beaucoup la danse !... Une seule fois j'ai voulu me risquer dans un galop... je suis tombé avec ma danseuse, et nous avons reçu la moitié des galopeurs sur nous !...
— Moi, dit Célestine, je n'ai jamais pu aller en mesure; je n'ai pas du tout d'oreille, je me brouille toutes les figures, et j'empêche les autres de danser... Mais je n'ai pas souvent cette peine ; quand je vais à un bal, je fais constamment tapisserie, on ne m'invite jamais...
— Et moi, on me refuse toujours...
— Ah ! ah ! ah !...
— Les messieurs m'appellent *calogne !*
— Les dames me nomment la gira*fe*...
— Ah ! ah ! ah !...

— Ça va bien , dis-je tout bas à madame B..., et je continue d'emplir les verres.
— Il est plus aimable que je ne croyais, dit tout bas Célestine en parlant de M. Pincelure.
— Elle a l'air fort bon enfant ! dit le grand monsieur en parlant de Célestine.

Moi, j'ai soin d'animer l'entretien.
— Monsieur, dis-je en m'adressant à Pincelure, vous faites le modeste , mais convenez qu'un pied bot n'empêche pas d'avoir des aventures galantes.
— C'est possible ; mais, quant à moi, les miennes n'ont jamais eu de conclusions agréables. Une fois, on me donne rendez-vous dans une rue étroite, j'y attends deux heures, et je finis par être arrosé d'une façon fort peu gracieuse. Une autre fois, je causais avec une dame ; elle me dit : Voilà mon mari , sauvons-nous ! et la voilà qui se met à courir ; je veux en faire autant ; je me laisse choir au milieu de la rue, et je suis battu par le mari. Décidément, il faut que je renonce à l'amour.
— Et au mariage?
— Encore bien plus !... Une vieille tireuse de cartes m'a dit que si je me mariais jamais, je serais...
— Eh bien?...
— Je serais... oh !... parbleu , ces dames devinent bien.

Ces dames riaient beaucoup ; Célestine pleurait à force de s'amuser, ce qui l'embellissait en mettant plus d'égalité dans ses yeux ; M. Pincelure ne départait plus, si ce n'est quand il portait son verre à ses lèvres, ce qui arrivait très-souvent.

Nous passons ainsi plus d'une heure sous le bosquet ; le concert est fini, nous ne nous en sommes pas aperçus ; nous faisons une conversation monstre qui remplace la musique ; Célestine ne cesse de répéter :
— Mais c'est qu'il est tout à fait aimable, ce grand monsieur !
Et M. Pincelure dit à chaque instant :
— Cette demoiselle est beaucoup moins mal quand on est à l'ombre !
Tout à coup de grosses gouttes de pluie tombent dans notre punch.
— Ah ! mon Dieu, voilà un orage , s'écrie madame B... ; moi qui ai mis mon joli chapeau lilas !
— Et moi ma belle robe, dit Célestine en riant toujours.
— Venez sous ces tentes, mesdames... vous serez à l'abri : cela va peut-être se passer...
— Je ne crois pas que cela se passe, dis-je ; d'ailleurs il est onze heures et demie, il vaudrait mieux s'assurer d'une voiture.
— Onze heures et demie !... Mon Dieu ! comme le temps a passé vite !

M. Pincelure a pris le bras de Célestine pour la conduire sous une tente, et quand on est arrivé, soit oubli , soit préméditation, Célestine laisse son bras sous celui du grand monsieur.

L'orage redoublait ; je cours à la porte, je ne vois qu'un fiacre ; je le retiens, puis je retourne vers ma société.

Dupont et madame B... s'occupaient de se retrousser, de prévenir les atteintes de la pluie ; je pars de loin après M. Pincelure ; il accourt avec Célestine ; je les fais sortir du jardin ; je les pousse vers le fiacre, et je les fais monter dedans.
— Mais madame B... ? balbutie Célestine.
— Ne vous en inquiétez pas ; elle demeure d'un autre côté, je la reconduirai.
— Mais M. Dupont...
— Il est déjà bien loin...
— Mais...
— Mais...

Je n'en écoute pas davantage ; je referme la portière sur eux.
Le punch, l'orage, ma précipitation , tout les étourdit ; et le cocher, auquel j'ai donné l'adresse de Célestine, a fait partir ses chevaux avant qu'ils aient eu le temps de se reconnaître.

Je retourne près de madame B...
— Où donc est Célestine ? me dit-elle ; qu'en avez-vous fait ?
— Je viens de la marier.
— Ah ! la bonne plaisanterie !
— Je gage à présent qu'elle épousera M. Pincelure !
— Vraiment... Mais où sont-ils donc ?
— Partis en fiacre, tous deux !...
— En fiacre, tous deux.... Ah ! qu'avez-vous fait ? et la décence !
— Qui vous dit qu'elle sera outragée ?... D'ailleurs, quand un mariage doit s'ensuivre, il faut bien pardonner quelque chose, et je vous parie de nouveau que celui-ci se fera. Par exemple, il vous en coûtera une robe crottée et un chapeau un peu mouillé, car le fiacre qu'ils ont pris était le dernier... il n'y en a plus sur le boulevard.
— Je ne regretterai rien si vous réussissez !... mais j'avoue que je n'ai pas encore vu faire un mariage de cette façon.

IV.

Un mois après, ma prédiction était accomplie : Célestine devenait madame Pincelure. J'ignore si l'horoscope de la tireuse de cartes doit s'accomplir aussi ; toutes les probabilités sont contre.

Voilà la seule fois que je me sois mêlé de faire un mariage; tant de gens se cassent la tête et perdent du temps pour arriver à ce but, ma recette est cependant très-simple : il ne faut que deux bols de punch.

LES PARISIENS AU CHEMIN DE FER.

— Par un si beau temps, et un dimanche! se hasarder sur les chemins de fer! Ah! monsieur, c'est bien imprudent, bien téméraire... Il y aura trop de monde, on se foulera, on se disputera pour avoir des places; ma robe et mon mantelet seront chiffonnés, croyez-moi, remettons la partie.

Ainsi parlait une dame d'une cinquantaine d'années, qui avait été très-jolie et très-coquette, et qui avait conservé sa coquetterie en perdant sa beauté : c'était madame Grenat, femme d'un gros bijoutier de Paris. Pendant longtemps madame Grenat avait brillé à son comptoir. De beaux yeux, de belles dents, une jolie main, font trouver plus de charmes aux objets que l'on achète. Il faut avoir un commerce très-solidement établi pour mettre une femme laide dans son comptoir. M. Grenat n'avait point à se repentir d'avoir fait le contraire. Les hommes du meilleur genre avaient donné la vogue à son magasin; il avait fait de bonnes affaires : une bague, un anneau, un bouton se payaient fort cher chez lui, mais la jolie bijoutière avait le talent d'y joindre un sourire qui, probablement c'était sans prix, car avec elle on ne marchandait pas. Enfin M. Grenat avait acquis une fortune assez ronde; et il avait deux enfants qui ressemblaient beaucoup à sa femme.

La famille du bijoutier se composait d'une fille de dix-sept ans et d'un petit garçon de dix. La demoiselle était grande, mince, blanche et timide. On supposait qu'elle avait de beaux yeux, mais on n'en était pas certain, parce qu'elle les tenait constamment baissés. On avait laissé Adolphine en pension jusqu'à l'âge de seize ans. Depuis un an qu'elle était chez ses parents, elle regrettait bien souvent ses compagnes de classe et de récréation.

Quant au jeune Benjamin Grenat, c'était ce qu'on appelle communément un diable, un luron, un de ces petits garçons que les parents trouvent pleins d'esprit, parce qu'ils font sans cesse un tapage à vous assourdir, qu'ils cassent tout, touchent à tout, se mêlent de tout, et ont toujours faim.

Je ne vous ai pas dit que le bijoutier était un gros homme de cinquante-cinq ans, à face réjouie, portant une belle perruque blonde et bouclée au-dessus de l'œil gauche, ayant la manie était de parler sans cesse de son commerce, de vouloir faire l'esprit, et de se croire le maître chez lui, quoique le petit Benjamin fût réellement le seul maître de la maison depuis qu'il avait atteint sa cinquième année.

— Si vous ne voulez pas aller aujourd'hui sur le chemin de fer de Saint-Germain, répondit M. Grenat en passant sa main sous son menton, j'aime autant cela. Je n'y allais que pour vous faire plaisir. Et je me rendrai ce matin chez un confrère qui m'a demandé mon avis pour me montrer un rubis qu'il dit très-beau. Je verrai bien ce que c'est!

— Oui, j'aime autant aux Tuileries, dit madame Grenat en allant jeter un coup d'œil à son miroir, qui jadis lui répétait tant de jolies choses.

Mademoiselle Adolphine soupira lorsqu'elle entendit qu'on irait pas sur le chemin de fer. Était-ce simplement le regret d'une partie de plaisir, ou bien ce soupir avait-il quelque autre cause secrète? Quoi qu'il en soit, la jeune fille se tourna vers sa mère, et, sans lever les yeux, lui dit : — Dois-je faire une autre toilette pour aller aux Tuileries?

— Vous êtes bien comme cela, répondit madame Grenat. A votre âge on ne doit pas s'occuper sans cesse de sa toilette.

La porte du salon s'ouvrit alors avec fracas. Un petit garçon, barbouillé de chocolat et de confitures, se précipite au milieu de la chambre en criant :

— Eh bien! est-ce que nous n'allons pas partir? est-ce que vous n'êtes point prêts?... Ah! que vous êtes longs à vous apprêter!

C'était M. Benjamin, qui venait de faire un troisième déjeuner et qui se présentait ainsi devant ses parents.

— Mais, oui, mon ami, dit la maman en retouchant à la passe de son chapeau; nous allons aux Tuileries.

— Comment! aux Tuileries!... mais ce n'est pas là où je veux aller; c'est au chemin de fer. Papa m'a dit hier que nous irions aujourd'hui sur le chemin de fer. Je veux y aller! ça m'ennuie, vos Tuileries, c'est toujours la même chose. D'ailleurs, tu m'as dit que tu me mènerais au chemin de fer. Est-ce que tu m'as menti, papa? Ce serait beau!

— Non, je n'ai qu'une parole; et, au fait, je ne vois pas pourquoi nous n'irions pas sur le chemin de fer aujourd'hui. Il me semble que je suis le maître ici.

— Allons, dit madame Grenat en prenant son mantelet, puisque Benjamin en a tant envie, allons au chemin de fer.

— Qu'on aille chercher une voiture, dit M. Grenat à sa domestique. Êtes-vous prêtes, mesdames?

— Oui, mon ami. Ah! mon Dieu! le pantalon de Benjamin est déchiré au genou. Comment avez-vous fait cela, polisson?

— Dame! je ne sais pas, moi... ça s'est fait tout seul.

— Si ça s'est fait tout seul, il n'y a pas de sa faute, murmura le bijoutier.

— Mais il ne peut sortir comme cela.

— Pourquoi donc? répond le papa; avec sa veste ça ne se verra pas.

— Je veux en mettre un autre, dit le petit garçon; je veux en mettre un blanc.

— Mais tu auras froid, mon ami, car la saison n'est pas avancée.

— Tant mieux! là! c'est amusant d'avoir froid.

— Il est plein d'esprit, se dit le bijoutier en se tournant du côté de sa femme.

La voiture était arrivée; M. Benjamin avait un pantalon blanc. Toute la famille descend l'escalier. Mademoiselle Adolphine n'osa pas donner un coup d'œil dans la glace; sa mère lui a tant dit qu'une jeune fille ne doit pas être coquette, que la pauvre enfant ignore encore si elle est jolie.

Au moment de monter en voiture, M. Benjamin, en voulant sauter sur le marchepied, trouve moyen de glisser et de salir son pantalon contre la roue.

— Quel cruel enfant! dit madame Grenat; comme le voilà fait!

— Est-ce ma faute si j'ai glissé, est-ce que je l'ai fait exprès? répond M. Benjamin d'un air impertinent.

— Non, dit le bijoutier; on ne peut pas supposer qu'il ait fait exprès de glisser. Mais ce n'est rien : avec ton chapeau ça ne se verra pas.

— Du tout! répond Benjamin, tout le monde se moquerait de moi; je vais aller mettre mon pantalon bleu.

— Monsieur, vous me payerez à l'heure, dit le cocher pendant que le petit garçon est remonté pour changer une seconde fois de pantalon. Voilà une demi-heure que je suis devant votre porte.

— C'est bon! c'est bon! ça repose vos chevaux.

Enfin M. Benjamin remet un pantalon bleu, et cette fois il arrive sans accident au chemin de fer; mais au moment où l'on va fermer la portière du fiacre, il se met à crier :

— Et Brusquet!... et Brusquet!... nous avons oublié Brusquet!

M. Grenat regarde sa femme et semble lui demander s'il faut aller chercher Brusquet, énorme caniche vagabond que leur fils a recueilli et pris en affection depuis quelques jours. Madame Grenat est indécise; mais le cocher, qui s'ennuie de ne pas partir, a déjà fermé la portière; il est remonté sur son siège et fouette ses chevaux sans faire attention aux cris du petit garçon, que l'on parvient à calmer en lui disant que les chiens ne sont pas admis sur les chemins de fer.

On part enfin; le fiacre s'arrête bientôt rue de Londres, devant les bureaux.

La scène est curieuse à observer. A la porte de l'établissement où l'on prend ses billets de départ, vous voyez de braves gens disant solennellement adieu à leur famille, des pères embrassant leur fille, des maris serrant la main de leur femme, avec des larmes dans les yeux comme si l'époux partait pour la Russie ou s'embarquait pour la Nouvelle-Orléans. C'est que nous ne sommes encore familiarisés avec cette route tantôt découverte, tantôt souterraine, et que dans Paris il y a encore des gens qui vous disent : — Aller en chemin de fer!... c'est se mettre entre la vie et la mort!

Cependant M. Grenat a pris le bras de sa femme et la main de son fils en faisant de la tête un signe à sa fille pour qu'elle ait à les suivre. Toute la famille entre dans l'établissement, où, déjà étourdi par la foule qui se presse, par le bruit qui se fait autour de lui, M. Grenat se promène longtemps dans de grands corridors sans pouvoir trouver le bureau où l'on prend ses places.

— Est-ce que nous sommes déjà dessus? demanda M. Benjamin regardant son père.

— Dessus quoi?

— Sur le chemin de fer! cette bêtise!

— Non, non, pas encore... C'est-à-dire nous sommes dans l'établissement.

— Qu'est-ce que nous faisons donc maintenant?... Est-ce que nous n'aurons pas bientôt fini de nous promener dans des couloirs?

— Il est certain, dit madame Grenat, que cela commence à devenir fatigant... Adolphine, vous nous suivez, n'est-ce pas?

— Oui, maman.

— Est-ce ma faute si je ne trouve pas le bureau où l'on prend ses places?...

— Il faut le demander, monsieur; nous ne pouvons point passer notre journée à chercher ce bureau.

— C'est juste... je vais demander... c'est ce que je voulais faire.

M. Grenat se décide à quitter un moment sa femme et son fils pour aller s'informer où est le bureau. On lui prouve qu'il a passé plusieurs fois devant. Enfin il va demander quatre places.

NOUVELLES.

— Pour quel endroit? lui dit l'employé.
— Parbleu, pour le chemin de fer...
— Je vous demande où vous voulez aller?
— Où... Dame... où vous voudrez.
— Est-ce à Saint-Germain ou à Asnières?
— Ah! très-bien... je comprends... je n'avais pas compris tout de suite... C'est à... Je n'ai pas pensé à demander à Benjamin s'il voulait aller à Saint-Germain ou à Asnières... Quatre à Saint-Germain, tant pis!...
— De quelles places voulez-vous?
— De quelles places?... Je n'y suis pas du tout.
— Berlines ou wagons?
— Ah! très-bien... des meilleures... des plus solides... Quand on fait tant que d'aller en chemin de fer, il ne faut pas regarder à la dépense.

On donne à M. Grenat quatre places de berlines. Il revient d'un air tout fier vers sa famille en criant : — Nous avons des billets!... quatre places de berlines! C'est coussiné, c'est douillet; nous serons comme dans une loge louée! Venez, venez, car, au mouvement qui se fait, je suppose que le départ ne tardera pas à s'effectuer.

La famille Grenat se met encore à parcourir des couloirs pour chercher le chemin de fer, et elle va de nouveau se perdre dans l'éblissement, lorsque Benjamin s'écrie : — Il faut suivre tout le monde! Grâce à cette heureuse idée, la famille ne tarde pas à descendre le grand escalier qui conduit au point de départ.

Lorsqu'on voit pour la première fois cet hardi travail, cette invention si belle et si simple à la fois, on ne peut se défendre d'une secrète émotion. La famille Grenat en éprouve une très-vive à l'aspect des voitures, de la locomotive et de la voûte souterraine.

— Mon Dieu, monsieur, cela me fait un drôle d'effet, dit madame Grenat en s'appuyant sur le bras de son époux.
— Bah! en vérité! ça vous fait peur! répond le bijoutier en tâchant de sourire pour dissimuler la frayeur qu'il éprouve lui-même.
— Comme cela sent la fumée!... le charbon de terre! dit Benjamin.
— Toujours, mon ami, toujours. C'est comme dans les ports de mer.
— Est-ce que tu as été sur mer, papa?
— Non; mais j'ai été à Saint-Cloud en vapeur; c'est la même chose!

Mademoiselle Adolphine ne disait rien, mais elle ne pouvait se lasser de regarder la route qu'elle allait parcourir. Pour la première fois elle levait ses beaux yeux : c'était déjà une amélioration due au chemin de fer.

— Il s'agit à présent de savoir dans quelle voiture nous devons nous mettre, dit M. Grenat.
— Dépêchons-nous, papa; on prend toutes les places!
— Certainement, il faut nous dépêcher!... Mais comment s'y reconnaître? cette fumée vous étourdit!

Heureusement pour la famille du bijoutier, l'un des conducteurs vient demander à M. Grenat quelles sont ses places. Celui-ci montre ses billets, et on ouvre devant lui une berline dans laquelle il y a déjà quatre personnes. Benjamin saute le premier dans la voiture, puis madame Grenat monte en chancelant, puis mademoiselle, puis le chef de la famille, qui se laisse aller sur le banc garni de coussins en murmurant d'un air résigné, qui n'avait rien de rassurant :
— Il n'y a plus à reculer... nous y voilà!... A la grâce de Dieu!
— Ah! mon Dieu! dit madame Grenat en roulant des yeux effarés autour d'elle, j'ai bien envie de m'en aller!... de retourner chez moi!
— Par exemple! chère amie, vous plaisantez!... Cependant, si vous en aviez réellement le désir... je ne voudrais pas vous forcer à rester ici.

La grande Adolphine ne paraissait pas avoir peur; elle s'était assise près de son père, et déjà elle venait de s'apercevoir qu'elle avait pour vis-à-vis un jeune homme qui était employé dans un magasin de nouveautés situé précisément en face de la boutique de M. Grenat, et qui se tenait souvent sur le seuil de son magasin depuis que la fille du bijoutier était sortie de pension. Cela prouve bien que les jeunes filles voient parfaitement bien sans lever les yeux. En général, il est très-rare que les femmes aient la vue basse; une infirmité réservée aux hommes : la nature a tout fait pour le mieux!

Pendant que M. et madame Grenat se consultaient pour savoir s'ils resteraient sur le chemin de fer, le petit Benjamin avait quitté sa place et s'avançait vers la portière restée ouverte, en disant :
— On ne voit rien ici!... Moi, je veux voir!... je veux aller sur la voiture qui a un poêle!
— Mon fils! dit M. Grenat, on ne va pas sur la locomotive; ce serait imprudent.
— Moi, je veux y aller!
— Benjamin, je t'expliquerai pourquoi on ne va pas dessus...
— Laisse-moi tranquille, je veux y aller!

Et Benjamin descend lestement de la berline.
— Ah! mon Dieu! où va-t-il?... il va se faire broyer dans quelque chose! s'écrie madame Grenat en voyant disparaître son fils. Monsieur Grenat, courez donc après lui, retenez-le, ramenez-le bien vite, je vous en supplie!...

— C'est un démon! dit le bijoutier en sortant de la berline. Il n'a peur de rien; il tiendra de moi. Je vais le chercher.

Quelques instants s'écoulent : le père et le fils ne reparaissent pas. Madame Grenat ne peut plus résister à son inquiétude : elle s'élance en son tour hors de la voiture, et fait quelques pas en criant : — Benjamin, où es-tu?

Benjamin n'a pas répondu à sa mère, mais en revanche le bruit de la trompette se fait entendre pour donner le signal du départ. Les voyageurs accourent, la foule se presse contre les rails et se précipite dans les voitures. En vain les préposés cherchent à établir l'ordre et s'écrient : — Votre billet!... vous n'êtes pas pour ici! vous ne devez pas monter là!... On ne les écoute plus. Voitures, berlines, wagons, en un instant tout est envahi, tout est plein, et madame Grenat, enveloppée dans un groupe, s'est trouvée poussée et presque portée dans un wagon. C'est vainement que la bijoutière, regardant autour d'elle, s'écrie : — Je n'étais pas ici!... Ce n'est pas là ma place!... Je dois être avec ma famille! On ne fait aucune attention aux lamentations de la pauvre dame; une commotion légère annonce que la chaîne est lâchée : on est parti! Madame Grenat, qui ne sait plus où elle en est, veut ouvrir la portière et descendre; une main très-rude la retient et la repousse à sa place, tandis que plusieurs voix s'écrient en même temps : — Eh! madame! que faites-vous là?... On ne peut plus descendre! nous sommes en route!

— Cela m'est égal... je veux m'en aller!... je veux être dans une berline!... Cocher, arrêtez!... descendez-moi!

Des éclats de rire accueillent l'exclamation de la bijoutière, qui regarde avec colère ses compagnons de voyage.

Madame Grenat se trouvait dans un wagon dont les banquettes n'étaient point garnies. Elle avait à sa gauche deux hommes en blouse bleue, en bonnet de coton, en guêtres de cuir, qui sentaient la pipe, l'ail, le vin et l'eau-de-vie. A sa droite, une jeune femme très-jolie, fort occupée à causer avec un tout jeune homme; deux enfants, une nourrice. En face, trois jeunes gens, tournure de mauvais sujets; deux petites paysannes qui n'avaient pas l'air pastoral, un petit-maître de soixante ans, et deux ouvriers endimanchés.

Les deux paysannes regardaient la bijoutière en ricanant, les ouvriers en faisaient autant, le vieux petit-maître lui faisait des mines, les jeunes gens plaisantaient, et les deux charretiers juraient.

— Nous sommes un de trop, dit le vieux beau-fils : on ne doit pas être autant que cela dans les voitures.
— Messieurs, je vous en supplie, reprend madame Grenat au bout d'un moment, faites arrêter, je veux ma place avec ma famille!
— Ça ne va pas encore bien vite, dit un des hommes en blouse à son voisin.
— Oh! ça va filer tout à l'heure, tu vas voir; on repasserait son couteau sur la route!
— Ah! que c'est drôle! dit une des paysannes.
— Oh! que c'est gentil! dit l'autre, ça ne sent pas aller.
— C'est ce qui en fait le charme, dit un des jeunes gens.
— Nous sommes un de trop! répète le vieux petit-maître en tâchant de se grandir les yeux pour regarder la jolie femme qui cause à part avec fort attention à son voisin.
— C'est drôle, le bruit que ça fait! dit un des ouvriers.
— C'est l'effet de la machine dans les choses, lui répond son camarade en prenant l'air connaisseur.
— Tu crois que c'est ça qui produit ça?
— Parbleu!... est-ce que je ne connais pas la mécanique!... même que j'aurais pu être employé dans les travaux de la confection; mais je m'ai présenté trop tard, vu que je ne savais pas.
— Tiens! tiens! voilà que ça file crânement! dit un des rouliers.
— Je crois que je vais me trouver mal! dit madame Grenat désespérée de ce que l'on ne fait aucune attention à elle.
— Nous sommes un de trop! dit le petit vieux en mâchant un cure-dent pour faire croire qu'il a encore une denture.
— Est-ce qu'il va toujours nous répéter la même chose? murmure une des paysannes en haussant les épaules.
— Eh! le vieux pierrot déplumé! il ne cesse pas de me regarder!
— Fais-lui la grimace!
— Ah! mon Dieu! où sommes-nous? on ne voit plus clair! s'écrie madame Grenat lorsque l'on arrive sous la voûte.
— Taisez-vous donc, madame, dit un des rouliers; vous nous assourdissez avec vos cris.
— Mais je ne vois plus clair, monsieur.
— Eh bien, ni nous non plus!
— Mais c'est très-inconvenant!... voyager avec des étrangers dans l'obscurité!
— N'ayez donc pas peur! Si vous aviez vingt ans de moins, on comprendrait vos craintes; mais à présent, la maman, vous pouvez faire cinquante lieues sans chandelle.

Madame Grenat se mord les lèvres avec dépit; son amour-propre blessé l'emporte sur sa frayeur. Elle murmure entre ses dents : — Les gens sans éducation sont bien grossiers avec les femmes!... Mais elle dit cela assez bas pour que ses voisins ne puissent l'entendre. Ensuite elle donne un grand coup de coude à droite, un grand coup de pied à gauche, et ne souffle plus mot pendant le reste de la route.

Tandis que ces choses se passaient dans le wagon qui portait madame Grenat, son époux éprouvait aussi des tribulations. Après être sorti de la berline pour chercher son fils, le bijoutier avait couru vers une berline dans laquelle il avait vu monter un petit garçon qui ressemblait de loin à Benjamin. Ayant reconnu son erreur, il avait voulu descendre, mais alors le hourra était venu; M. Grenat s'était trouvé bloqué et intercalé entre deux voyageurs; puis, le départ s'étant effectué, il lui avait bien fallu rester où le hasard l'avait placé.

La voiture où se trouvait M. Grenat était fort bien composée : il y avait une famille anglaise, une vieille comtesse accompagnée de sa nièce, un banquier de la Chaussée-d'Antin et deux avocats. Il n'y avait qu'une seule personne qui faisait ombre au tableau; c'était un petit homme assez malpropre, portant un chapeau qui n'avait presque pas de bords, un habit râpé dont les parements ressemblaient à de l'amadou, et un pantalon si court qu'on était libre de le prendre pour une culotte, malgré tous les efforts de son propriétaire pour le faire descendre à la cheville. Du reste, ce petit monsieur semblait comprendre lui-même qu'il était déplacé parmi cette fashion. Il se tamponnait le plus possible dans un coin de la voiture, regardait continuellement ses souliers, et pour se moucher se cachait la tête dans son chapeau, qu'il avait la précaution d'ôter tout exprès.

M. Grenat était tombé entre deux Anglais; il leur avait souri en murmurant : — Je suis ici malgré moi; je cours après mon fils; j'avais cru le voir entrer dans cette voiture; je me suis trompé; où peut-il être? je suis très-inquiet.

Les Anglais avaient regardé M. Grenat sans sourciller et ne lui avaient rien répondu. Alors le bijoutier s'était tourné vers le petit homme peu dandy, mais celui-ci ayant éternué, s'était vite caché la tête dans son chapeau.

Pendant quelques minutes la société garda le silence le plus complet. Cependant, en passant sous la grande voûte, une petite Anglaise ayant poussé un cri, un de ses compagnons lui dit à demi-voix :

— Taisez donc vous tout suite : c'était mauvais genre de avoir peur !

L'Anglaise se tut. Mais M. Grenat, qui avait eu peur aussi, s'écria en revoyant le jour : — Ah ! saprebleu !... je suis bien aise d'en être sorti ! On ferait bien de se faire assurer par le Phénix avant de s'embarquer.

La belle société ne souffla pas mot. Le petit homme râpé se retourna pour prendre du tabac dans une boîte d'étain, et M. Grenat, mystifié de voir que sa plaisanterie ne portait pas, rajusta sa perruque et se retira dans sa cravate.

Au bout d'un moment, la vieille comtesse dit en s'adressant à un Anglais : Quels sont donc ces hommes que l'on voit si souvent sur le bord du chemin, près d'une petite guérite, et qui lèvent le bras en l'air en nous regardant ?

— C'étaient des cantonniers ; ils étaient placés là pour avertir nous qu'on pouvait avancer sans danger. Quand ils lèvent un petit drapeau noir, ça voulait dire que... il fallait pas.

— Qu'il ne faut pas quoi ?

— Que... it is for... Je voulais dire... il fallait pas.

— Ah ! je comprends, dit M. Grenat, qui voulait toujours se mêler à la conversation. — Quand ils prennent leur drapeau noir, ça veut dire que la poste est à Saint-Germain; c'est très-ingénieux !

L'Anglais se tourna vers le bijoutier, le regarda d'un air dédaigneux, puis murmura : — Vous savez pas ce que vous dites !

M. Grenat eut un moment envie de se fâcher, mais il préféra n'en rien faire. Pendant le reste du voyage le silence ne fut interrompu que par deux éternuments étouffés dans le fond d'un chapeau.

Revenons maintenant à M. Benjamin. Après avoir quitté ses parents, il s'était trouvé contre un wagon au moment du départ. Ne sachant plus que faire pour rejoindre son père, le petit garçon s'était mis à crier. Une main vigoureuse l'avait enlevé alors par le bras et porté dans le wagon ; puis, un monsieur décoré et à moustaches lui avait dit :

— Allons, petit, ne crie pas ; te voilà placé ; tu vas aller en chemin de fer.

— Oui, mais je ne suis pas avec papa et maman !

— Pourquoi les as-tu quittés ?

— Pour voir la grosse machine qui fume. Ils sont dans une voiture à coussins.

— Tu les retrouveras au Pecq.

— J'aime mieux les retrouver tout de suite.

— C'est fini, on ne sort plus nous roulons.

— Mais je...

— Silence !

— Mais poutant !...

— Ah ! corbleu ! taisons-nous, ou je me fâche !

M. Benjamin se tut; car son voisin le militaire ne semblait pas disposé à le traiter avec l'indulgence à laquelle on l'avait accoutumé.

Bientôt la conversation s'engagea entre les personnes qui se trouvaient dans le wagon. C'était une grisette, plusieurs boutiquiers de la capitale, trois militaires et un monsieur entre deux âges qui tira souvent de sa poche avec affectation une tabatière en cuivre doré dans laquelle il plongeait deux doigts où brillaient de grosses bagues en pierres fausses. Il décrivait alors un demi-cercle avec son bras, de façon que lorsqu'il prisait, son voisin de droite était obligé de se faire tout mince pour ne point recevoir un coup de coude dans le visage.

— Messieurs, dit un des commerçants en regardant les voyageurs, il faut avouer que c'est une belle chose que l'industrie, et que voilà une entreprise qui procurera de grands avantages aux voyageurs.

— Oui, c'est fort beau, dit un des militaires ; mais quand on pourra mettre de la cavalerie dans les wagons, ce sera encore plus beau, parce qu'alors on fera cent lieues sans éreinter les chevaux.

— Je n'y vois rien d'impossible, monsieur ; on a bien mis la petite poste dans les omnibus...

— Je veux m'en aller trouver papa ! dit Benjamin.

— Silence, enfant ! les mioches n'ont pas la parole ici.

L'homme aux pierres fausses décrivit un cercle avec son bras en disant : — Ce qu'il faut désirer surtout, c'est que cette entreprise... hum ! hum !... soit profitable aux théâtres.

Et ce monsieur se met à chanter d'une voix de contralto en battant la mesure sur sa tabatière : *Ah ! quel beau jour...* une, deux, *chantons la gloire...* une, deux, trois, quatre, *pour son amour...* une, deux, *quelle victoire !*

— Est-ce que nous allons passer dans un grand souterrain ? dit la grisette pendant que le monsieur chantait encore.

— Oui, mademoiselle, c'est-à-dire sous une voûte, répond le militaire, qui avait fait monter Benjamin ; mais soyez tranquille : il n'y a aucun danger. Allons, petit, tenons nos jambes tranquilles, ou je cogne, corbleu !

— Ce doit être bien plus effrayant lorsqu'on se trouve dans le tunnel qui est sous la Tamise, dit un marchand.

— Ah ! oui, dit le chanteur, j'ai beaucoup entendu parler de ce chemin sous la Tamise ; on assure que ce sera aussi brillant que le passage des Panoramas. Il me semble que l'on devrait y construire un théâtre d'opéra... *Ah ! quel beau jour...* une, deux... *pour son amour*, une, deux !... Monsieur en use-t-il ?

— Volontiers.

— C'est du virginie pur ; je n'en prends jamais d'autre.

— Monsieur est artiste, je gage.

— Vous ne vous trompez pas. Première basse chantante dans les opéras ; c'est moi qui conduis...

— L'orchestre ?

— Non, les chœurs. Je suis appelé dans ce moment à Périgueux, où l'on assure qu'ils ont de mauvais chœurs. Je ferai marcher tout cela !... *Ah ! quel beau jour...* une, deux... *chantons la gloire...* une, deux, trois, quatre.

En ce moment on entrait sous la grande voûte. M. Benjamin poussa des cris affreux quand il ne vit plus clair ; et comme il ne voulut pas se taire, son voisin le militaire lui applique une petite claque sur la joue en disant :

— Il faut corriger les poltrons de bonne heure ; sans cela, quand ils sont grands, ils deviennent des lâches.

Benjamin n'avait jamais reçu une chiquenaude de sa vie. La correction produisit sur lui un tel effet, que pendant tout le reste du chemin il n'osa plus ni parler, ni remuer, ni bouger.

Enfin on arriva au Pecq au moment où l'artiste d'opéra comptait une, deux, pour la vingtième fois. Le militaire fit descendre lui-même le petit garçon hors du wagon en lui disant d'un ton radouci :

— Allons, nous avons fini par être bien sage. Je savais bien que je ferais quelque chose de toi.

Benjamin ne répondit pas, mais il se mit à courir, car il venait d'apercevoir son père, qui avait rejoint sa mère, qui avait retrouvé sa fille. On tomba dans les bras l'un de l'autre ; il semblait que l'on ne s'était pas vu depuis dix ans. Madame Grenat embrassa même sa fille, ce qui ne lui arrivait que dans les circonstances extraordinaires. Du reste, le voyage en chemin de fer avait porté ses fruits : la bijoutière était infiniment moins coquette, le mari moins bavard, Benjamin beaucoup plus obéissant, et la grande Adolphine savait qu'elle était jolie : le commis du magasin de nouveautés le lui avait dit plusieurs fois pendant la route. Niez donc encore l'utilité des chemins de fer !

LES INFIDÈLES,

COMÉDIE MÊLÉE DE CHANT EN UN ACTE,

PAR

PAUL DE KOCK.

PERSONNAGES.

SAINT-JULIEN.
FRANVAL, jeune colonel.
COMTOIS, valet de Saint-Julien.
ERNESTINE DE MONTBRUN, jeune veuve.
ADÈLE D'ORMEVILLE, sœur d'Ernestine, et veuve aussi.
GENS DU CHATEAU.

La scène est dans un appartement appartenant à madame de Montbrun, à quelques lieues de Paris.

Le théâtre représente un salon, donnant sur un beau jardin, que l'on aperçoit au fond, et ayant deux portes latérales.

SCÈNE I.
ERNESTINE, FRANVAL.

Ernestine vient par la gauche, et va au-devant de Franval, qui arrive par le jardin.

ERNESTINE. — Bonjour, mon cher Franval, vous êtes exact.
FRANVAL. — On ne saurait arriver trop tôt près de vous. J'ai reçu hier votre lettre... vous avez des choses importantes à me dire... qu'est-il arrivé ?...
ERNESTINE. — Ah ! mon ami, je n'ose vous l'apprendre !...

Un jeune homme à marier, M. Pinceture.

FRANVAL. — Ah ! mon Dieu ! mais ce ton sérieux me fait trembler ! parlez, je vous en prie...
ERNESTINE. — Cette personne que vous détestez... oh ! bien injustement, que je devais épouser il y a six mois, Saint-Julien enfin est ici.
FRANVAL. — Il est ici, dans votre château ?
ERNESTINE. — Il est arrivé hier soir.
FRANVAL. — Je vais donc le connaître enfin !... ah !... je brûle d'impatience...

ERNESTINE. — Songez, Franval, que vous m'avez promis de ne pas faire d'étourderies !... écoutez-moi : vous étiez éloigné de Paris, je n'avais conservé de votre souvenir que ce doux sentiment qui nous rappelle les plaisirs de notre enfance !... Devenue veuve du comte de Montbrun, j'eus occasion de rencontrer dans la société M. de Saint-Julien ; il me fit la cour, je le trouvai aimable...
FRANVAL. — Fort bien, madame, passons les détails !...
ERNESTINE. — Il me demanda ma main ; les rapports de fortune, la réputation de galant homme dont jouissait Saint-Julien, tout me détermina ; nous allions nous unir, lorsque la mort d'une tante le force à me quitter ; il part, espérant n'être qu'un mois absent !... mais on lui suscite un procès ! six mois s'écoulent, pendant lesquels vous revenez de l'armée ; vous vous présentez chez moi, je reçois avec plaisir l'ami de ma jeunesse... bientôt je ne sais quel charme secret nous attire l'un vers l'autre... vous me rappelez notre douce amitié... enfin vous avez la maladresse de m'aimer, et moi j'ai la faiblesse de répondre à votre amour !... Ah ! vous conviendrez, monsieur, que dans tout cela les torts ne sont pas du côté de Saint-Julien !...
FRANVAL. — Il a du moins celui d'avoir été trop longtemps absent !... on ne part pas au moment d'épouser une jolie femme !...
ERNESTINE. — Est-ce sa faute ? pouvait-il prévoir mon inconstance ?
FRANVAL. — Cependant, madame, vous ne devez plus l'épouser ?
ERNESTINE *gaîment*. — Dites plutôt que je ne le veux plus !...
FRANVAL. — Mais qu'allons-nous faire ? Saint-Julien a votre parole... s'il vous aime toujours ?...
ERNESTINE *riant*. — C'est assez présumable !
FRANVAL. — Ce Saint-Julien est jeune ?
ERNESTINE. — Mais oui, de votre âge à peu près.
FRANVAL. — Il n'est pas mal, dit-on, sa tournure ?...
ERNESTINE. — Est charmante, il est aimable, galant...
FRANVAL *avec dépit*. — Allons, il faut que je le tue... c'est le seul moyen pour que vous ne l'épousiez pas !...
ERNESTINE. — Et ce serait celui de ne jamais être mon époux ! Calmez-vous, Franval, je le veux...
FRANVAL. — Me calmer !... lorsque mon rival est chez vous ! quand, ce matin peut-être, il va réclamer votre promesse, sans que vous ayez la force de lui dire : « Monsieur, je vous aimais il y a six mois, je ne vous aime plus aujourd'hui, ainsi donc tout est fini entre nous !... » Car ce serait tout simple !
ERNESTINE. — Et surtout fort honnête !...

DUO.

FRANVAL.
Non, non, vous ne partagez pas
La vive ardeur qui m'agite sans cesse.
ERNESTINE.
Non, monsieur, non, je ne veux pas,
Pour preuve de votre tendresse,
De quelqu'un pleurer le trépas.
Mon cher Franval, calmez cette colère.
Devez-vous douter de mon cœur ?...
Votre rival aura beau faire :
De vous seul j'attends mon bonheur.
FRANVAL.
Pourtant jadis il sut vous plaire,
Et je dois craindre son retour.
ERNESTINE.
Je n'eus pour lui qu'une estime sincère ;
Mais ce n'était pas de l'amour.
FRANVAL.
Comment croirais-je à votre flamme ?
Comment compter sur vos serments ?

	Peut-être dans quelques moments
ERNESTINE.	Vous allez devenir sa femme !...
	Ne soyez point jaloux,
	Et plus de confiance !...
FRANVAL.	Il sera votre époux,
	J'en suis certain d'avance,

ENSEMBLE.

ERNESTINE.	FRANVAL.
Comptez plus sur ma foi,	Vous subirez la loi
Le dépit vous égare ;	De cet hymen bizarre ;
Non, rien ne nous sépare !	Et quand tout nous sépare,
De Grâce, écoutez-moi !	Puis-je être de sang-froid ?

M. Benjamin se tut; son voisin le militaire ne semblait pas disposé à le traiter avec l'indulgence à laquelle on l'avait accoutumé.

ERNESTINE. — En vérité, on ne peut vous faire entendre raison !... Mais on vient... c'est ma sœur... je ne veux pas qu'elle nous trouve ensemble, ne vous ayant pas vu arriver... Allez au jardin, j'irai bientôt vous rejoindre; mais, je vous en conjure, ne faites pas d'étourderies !...

FRANVAL. — Je vais rêver aux moyens de vous dégager de votre promesse; je vous attends avec impatience !...

ERNESTINE. — Allez... allez... (*Il sort par le fond.*) Ah!... j'aurai bien de la peine à le rendre sage.

SCÈNE II.
ERNESTINE, ADÈLE.

ERNESTINE. — Ah! voilà ma chère Adèle.
ADÈLE. — Je viens de parcourir tout le château.
ERNESTINE. — Eh bien ! comment le trouves-tu ?
ADÈLE. — Charmant; je m'y plais déjà beaucoup!...
ERNESTINE. — Ce château vaut bien celui que ton vieux mari te faisait habiter au fond de la Picardie. M. d'Ormeville te privait de toute société. Mais il est mort, n'en disons point de mal !
ADÈLE. — Je n'ai jamais eu à me plaindre de ses procédés !...
ERNESTINE. — Notre destinée fut semblable; toutes deux mariées par nos parents à des gens que nous connaissions à peine ! nous voilà veuves et maîtresses de notre sort. Mais je suis certaine que tu perdras bientôt ta liberté !... Tu es si douce, si sensible !.. Avant peu, je le gage, ton cœur se laissera charmer !...
ADÈLE. — Mais toi-même, si vive, si étourdie!... ne vas-tu pas te remarier?... M. de Saint-Julien, que tu devais épouser il y a six mois, est arrivé hier... et bientôt sans doute...
ERNESTINE *embarrassée*. — Oh!... nous avons le temps... depuis six mois j'ai perdu de vue mon futur, et il faut au moins renouer connaissance !... Je voudrais savoir s'il mérite toujours mon attachement... si son caractère doit me rendre heureuse... Toi, ma chère Adèle, tu le connais maintenant plus que moi ; car Saint-Julien, allant au château de sa tante, situé près du tien, je lui avais donné une lettre de recommandation pour mon aimable sœur; tu as dû le voir souvent?

ADÈLE. — Oui... oh! très-souvent !...
ERNESTINE. — Eh bien !... que penses-tu de lui ?
ADÈLE *vivement*. — Ah! beaucoup de bien !...
ERNESTINE. — Cependant il doit avoir des défauts !
ADÈLE. — Je ne lui en connais pas !
ERNESTINE. — Un homme sans défauts !... cela n'est pas possible... Au fond d'une province, tu as eu le temps d'étudier son caractère... parle, je t'en prie !...
ADÈLE. — Je te le répète, il m'a paru aimable, prévenant, d'une humeur égale, et je crois qu'une femme sera très-heureuse avec lui.
ERNESTINE *à part*. — Vous verrez que ce sera un homme parfait !... Que je suis malheureuse !...
ADÈLE. — Mais, Ernestine, ne penses-tu pas de lui tout ce que je viens de te dire ?
ERNESTINE *embarrassée*. — Oh!... sans doute !... Mais j'attends du monde de Paris, et j'ai quelques ordres à donner... je te quitte, ma bonne amie. (*A part.*) Allons rejoindre ce pauvre Franval : en vérité ! je ne sais pas comment finira tout ceci !... (*Elle sort.*)

SCÈNE III.
ADÈLE *seule.*

Elle croit Saint-Julien constant !... tandis que c'est à moi maintenant qu'il jure le plus tendre amour !... Ah ! ma pauvre sœur, si tu savais cela !... C'est bien mal à moi d'aimer son prétendu, mais aussi pourquoi me l'envoyer avec une lettre de recommandation ?

AIR.

En vain j'ai voulu m'en défendre,
L'amour fait entendre sa voix !

Un monsieur qui porte des bijoux faux et une tabatière en cuivre doré.

Mon cœur est forcé de se rendre,
Il faut obéir à ses lois.

Saint-Julien est le plus coupable !
Tout en lui savait me charmer;
Devait-il se montrer aimable,
Et chercher à se faire aimer ?...

Pourtant je le priais sans cesse
De me parler moins tendrement ;
Mais quand il tenait sa promesse,
Son regard était si touchant !...

En vain j'ai voulu, etc.

SCÈNE IV.

ADÈLE, SAINT-JULIEN.

SAINT-JULIEN. — Ah! vous voilà, ma chère Adèle; il me tardait de pouvoir vous parler!...
ADÈLE. — En effet, depuis ce matin, à peine si je vous ai aperçu!....
SAINT-JULIEN. — Je n'osais quitter mon appartement! je crains de rencontrer votre sœur...
ADÈLE. — Elle me quitte; nous venons d'avoir un long entretien à votre sujet.
SAINT-JULIEN. — Que vous a-t-elle demandé?
ADÈLE. — Elle veut savoir si depuis six mois vous n'êtes pas changé.
SAINT-JULIEN. — Et que lui avez-vous dit de moi?
ADÈLE. — Mais, ce que j'en pense, beaucoup de bien!...
SAINT-JULIEN. — Vous avez eu tort!... il fallait me donner mille défauts, me faire capricieux, inconstant, joueur, enfin très-mauvais sujet!... c'était déjà un moyen pour l'engager à rompre notre mariage.
ADÈLE. — Je n'aurais jamais su dire tout cela! Mais vous-même, que ne lui parlez-vous sans détour?
SAINT-JULIEN. — Arrivé seulement hier soir, je ne me suis pas encore trouvé seul avec madame de Montbrun; mais cela ne peut tarder, et je vous avoue que je tremble d'avance en pensant à cet entretien!...
ADÈLE. — Voilà bien les hommes! embarrassés lorsqu'il faut nous dire la vérité, ils ne le sont jamais quand il s'agit de tromper ou de séduire!...
SAINT-JULIEN. — J'attends ici Comtois, mon valet de chambre, que j'avais laissé à Paris lors de mon dernier voyage. Il ne connaît pas notre amour; sans cela il aurait déjà trouvé mille expédients pour nous sortir de cette situation.
ADÈLE. — Ah! Saint-Julien, vous êtes cause que je perdrai l'amitié de ma sœur!...
SAINT-JULIEN. — Pourquoi? Ce n'est pas à vous qu'elle peut en vouloir.
ADÈLE. — Vous avez beau dire, je vous aime bien malgré moi!
SAINT-JULIEN. — Et moi, je suis de n'adorer jamais que vous!
ADÈLE. — Nous verrons si vous me serez plus fidèle qu'à ma sœur.

(Il lui baise la main. Elle sort.)

SCÈNE V.

SAINT-JULIEN seul.

Aimable Adèle!... oui, je lui serai fidèle!... Mais comment rompre cet engagement? comment dire à une femme aimable, jolie, que l'on n'est plus amoureux d'elle?... c'est bien embarrassant!...

COUPLETS.

Auprès d'une femme jolie
On éprouve un doux sentiment,
De l'adorer tout la vie
On jure trop légèrement;
On croit, dans son ardeur extrême,
Etre constant jusqu'au trépas!...
On dit si vite : Je vous aime!
Je vous trompe, ne se dit pas.

Mais bientôt pour une autre belle
Nous sentons battre notre cœur,
Et le serment d'être fidèle
Cède à cette nouvelle ardeur;
Ah! quand l'amant n'est plus le même,
Ne peut-on voir son embarras,
Et s'il ne dit plus : Je vous aime,
Deviner ce qu'il ne dit pas?

Mais on vient... c'est madame de Montbrun!... Que faire?... Allons, du courage. La fuir serait une maladresse... il faut rester, et tâcher de savoir si ses sentiments sont toujours les mêmes.

SCÈNE VI.

SAINT-JULIEN, ERNESTINE.

ERNESTINE, *à part, en entrant*. — Saint-Julien!... allons, il n'y a pas moyen de l'éviter... *(Allant à lui.)* Ah!... je vous cherchais, monsieur.
SAINT-JULIEN. — Et moi aussi, madame.
ERNESTINE. — Je voulais savoir si rien ne vous a manqué dans ce château, si l'appartement que l'on vous a donné vous a paru agréable?
SAINT-JULIEN. — Vous avez trop de bontés!... habitant près de vous, on ne peut être bien!
ERNESTINE à part. — Il est toujours galant!
SAINT-JULIEN à part. — Elle est toujours jolie!

ERNESTINE. — Vous êtes venu seul? et votre fidèle Comtois?
SAINT-JULIEN. — Je lui ai écrit de venir me rejoindre; il doit recevoir de mon banquier des fonds que je destine à une acquisition dans ce pays.
ERNESTINE. — Vous voyez que pendant votre absence je me suis retirée du tourbillon des plaisirs?... Voilà près de quatre mois que j'habite ce château.
SAINT-JULIEN. — Je croyais que vous n'aimiez pas la campagne!
ERNESTINE. — Le séjour de Paris me lassait!... Et vous, Saint-Julien, qu'avez-vous fait depuis six mois?
SAINT-JULIEN. — Lancé dans tous les détails d'un procès!... je ne marchais qu'accompagné d'un huissier ou d'un procureur!...
ERNESTINE. — Ah! ah! l'aimable compagnie!... vous avez dû trouver le temps long?
SAINT-JULIEN. — Mais... en effet... il me tardait de me retrouver près de vous...
ERNESTINE *à part*. — Ah! mon Dieu! nous y voilà!...
SAINT-JULIEN *à part*. — Je ne sais que lui dire!...
ERNESTINE. — Vous pensiez donc quelquefois à moi?...
SAINT-JULIEN. — En douteriez-vous?... Mais vous-même?
ERNESTINE *avec dépit*. — Oh! tous les jours!... monsieur, tous les jours, je vous assure!
SAINT-JULIEN, *avec chagrin*. — Plus de doute! elle est fidèle!
ERNESTINE *à part, en s'éloignant de lui*. — Allons, il m'adore! c'est bien désagréable!...
SAINT-JULIEN *à part*. — Je ne puis cependant lui en vouloir de m'aimer!...
ERNESTINE *à part*. — Il est pourtant excusable... *(Ils se rapprochent.)* Ainsi, monsieur...
SAINT-JULIEN. — Madame...
ERNESTINE. — Votre voyage n'a point changé vos sentiments?...
SAINT-JULIEN. — Pourriez-vous le penser?... *(A part.)* Je n'oserai jamais lui dire la vérité... *(Haut.)* Mais pendant mon absence, bien des rivaux ont dû m'envier votre amour?...
ERNESTINE. — Oh! vous ne les craignez pas, sans doute... *(A part.)* Je n'aurai jamais le courage de lui tout avouer.
SAINT-JULIEN *à part*. — Voilà mes affaires bien avancées!...
ERNESTINE *à part*. — Il n'y a pas à dire! il faudra que je l'épouse. Ah! j'aperçois Franval!... Il vient fort à propos!...

SCÈNE VII.

LES PRÉCÉDENTS, FRANVAL.

ERNESTINE. — Ah! vous voilà, monsieur! je commençais à craindre que vous n'eussiez oublié votre promesse!
FRANVAL. — Oublier de venir vous voir, madame! cela n'est pas possible!
ERNESTINE. — Monsieur de Saint-Julien, je vous présente monsieur le colonel Franval, mon ami... d'enfance... qui veut bien quelquefois oublier ici les plaisirs de Paris!... *(A Franval.)* C'est monsieur!... dont vous m'avez souvent entendue parler.
FRANVAL. — Oui, madame, oui... je me rappelle... *(Bas.)* Vous étiez en tête-à-tête!...
ERNESTINE. — *(Bas.)* Taisez-vous!... *(Haut.)* La journée est superbe; si vous êtes de mon avis, messieurs, nous en profiterons pour faire un tour dans les jardins.
SAINT-JULIEN. — Madame, nous sommes à vos ordres!
FRANVAL *bas à Ernestine*. — Comment vont nos amours?
ERNESTINE, *(Bas.)* Très-mal!... *(Haut.)* Je vais voir si ma sœur est disposée à nous accompagner; vous permettez que je vous laisse...
SAINT-JULIEN. — Ah! madame, ce n'est qu'à Paris qu'il est convenu de se gêner!...

(Elle sort.)

SCÈNE VIII.

SAINT-JULIEN, FRANVAL.

FRANVAL *à part*. — Très-mal, dit-elle : eh! mais voilà qui est rassurant!... cet homme-là est beaucoup trop bien pour un rival!
SAINT-JULIEN. — Monsieur aime aussi la campagne, à ce que je vois?...
FRANVAL *avec une intention marquée*. — Monsieur... j'aime beaucoup ce château... et j'y viens souvent!...
SAINT-JULIEN *tranquillement*. — Il me paraît en effet très-agréable; on dit que les environs sont charmants...
FRANVAL. — Je ne les ai pas remarqués...
SAINT-JULIEN. — Les bois voisins doivent abonder en gibier... Monsieur est chasseur, sans doute...
FRANVAL. — Je ne chasse jamais, monsieur.
SAINT-JULIEN. — Au reste, la présence de madame de Montbrun suffirait seule pour embellir ce séjour, elle en fait les honneurs avec une grâce...
FRANVAL *vivement*. — Oh! c'est une femme...
SAINT-JULIEN. — Charmante!...

LES INFIDÈLES.

FRANVAL. — Adorable, monsieur!
SAINT-JULIEN. — Sa conversation est piquante...
FRANVAL. — Je ne me lasse jamais de l'entendre!
SAINT-JULIEN *froidement*. — Je le crois.
FRANVAL. — Je voudrais être sans cesse près d'elle!... Aussi je la recherche avec empressement! Je trouve qu'elle ouvre notre âme aux plus doux sentiments...
SAINT-JULIEN. — Je suis bien de votre avis!
FRANVAL *à part, avec dépit*. — Quel homme!... il ne se fâche de rien! (*Haut*.) C'est monsieur qui devait épouser, il y a six mois, madame de Montbrun?
SAINT-JULIEN. — Oui, monsieur, c'est moi-même.
FRANVAL. — Et croyez-vous que cette union se fera très-prochainement?
SAINT-JULIEN *avec indifférence*. — Mais cela ne saurait tarder!...
FRANVAL. — Monsieur pense peut-être se marier dans ce château?
SAINT-JULIEN. — Ici, ou à Paris, cela dépendra entièrement de la volonté de madame de Montbrun... Est-ce que monsieur compte nous faire l'honneur d'assister à notre hymen?...
FRANVAL *avec force*. — Oui, monsieur, oui... j'y serai.
SAINT-JULIEN. — Ce sera bien aimable à vous... Vous connaissez madame de Montbrun depuis longtemps?...
FRANVAL. — Oui, monsieur, depuis très-longtemps.
SAINT-JULIEN. — Je me souviens cependant pas d'avoir eu le plaisir de vous voir chez elle avant mon voyage...
FRANVAL. — J'étais alors à l'armée ; mais pendant votre absence, j'ai vu madame de Montbrun très-fréquemment!...
SAINT-JULIEN. — J'en suis charmé... J'espère que votre séjour ici se prolongera quelque temps?
FRANVAL. — C'est mon intention.
SAINT-JULIEN. — Cela me procurera le plaisir de lier connaissance avec vous.
FRANVAL. — Vous êtes trop bon!... (*A part*.) Il a déjà toute la politesse d'un mari!... (*Haut*.) Mais ces dames ne reviennent pas, je vais m'informer si la promenade tient toujours...
SAINT-JULIEN. — Je vous attendrai en ces lieux...
(*Ils se saluent*.)
FRANVAL *à part*. — Allons, il n'y a pas moyen de se quereller avec cet homme-là... (*Il sort*.)

SCÈNE IX.
SAINT-JULIEN seul.

Ce monsieur Franval parle d'Ernestine avec une chaleur!... Quel bonheur si ce pouvait être un rival!... Mais, quand il l'aimerait, puisqu'elle m'est fidèle, je n'en serais pas plus avancé!...
Eh! mais... j'entends, je crois...

SCÈNE X.
SAINT-JULIEN, COMTOIS.

COMTOIS *arrivant par le fond*. — Ah! vous voilà, mon cher maître!
SAINT-JULIEN. — Arrive donc, maudit paresseux!... J'ai grand besoin de toi, aussi je te désirais avec impatience!...
COMTOIS. — Monsieur est trop bon!... Ma foi, je craignais de m'être trompé; je ne connais pas ce pays, j'ai aperçu un château de belle apparence... J'ai trouvé une grille du jardin ouverte, et je suis arrivé jusqu'ici sans rencontrer personne... Je commençais à être inquiet!
SAINT-JULIEN. — Laisse là ton bavardage. As-tu fait ma commission?
COMTOIS *tirant un portefeuille de sa poche*. — Oui, monsieur, voilà le portefeuille qui renferme vos deux cent mille francs... (*Il le lui donne*.) Ouf! je suis bien aise d'en être débarrassé!... cela me gênait!...
SAINT-JULIEN. — Fort bien; maintenant, écoute-moi, tu vas voir combien j'ai de malheur!... Madame de Montbrun, que je devais épouser il y a six mois...
COMTOIS. — Ne vous aime plus...
SAINT-JULIEN. — Au contraire, elle est fidèle, c'est ce qui me désespère!
COMTOIS. — Diable!... vous êtes difficile à contenter... Mais je ne comprends pas...
SAINT-JULIEN. — Pendant mon voyage, je suis devenu amoureux d'Adèle, veuve de M. d'Ormeville, et sœur de madame de Montbrun; elle est venue de son côté dans ce château, car elle partage mon amour...
COMTOIS. — Ah! j'y suis maintenant, vous vous trouvez entre deux veuves jeunes, jolies, et qui vous adorent!... Au fait, monsieur, c'est avoir du malheur, et vous êtes bien à plaindre?...
SAINT-JULIEN. — Imbécile!... tu vois bien que je ne veux plus épouser Ernestine... Mais comment me dégager sans blesser son amour-propre, et sans fâcher Adèle, qui ne veut pas perdre l'amitié de sa sœur?

COMTOIS *à part*. — Et qui par amitié lui enlève son amant!...
SAINT-JULIEN. — Eh bien! que dis-tu?
COMTOIS. — Ma foi, monsieur, je dis que c'est assez difficile. Il faudrait trouver quelque prétexte honnête pour rompre vos engagements.
SAINT-JULIEN. — Sans doute, il m'en faut un. Allons, Comtois, un prétexte... Dépêche-toi...
COMTOIS. — Un moment, monsieur; on ne peut pas comme cela!... Attendez... si... non, non... cependant...
SAINT-JULIEN. — Eh bien?
COMTOIS. — M'y voilà!... Parbleu, monsieur, vous êtes bien heureux d'avoir un génie à votre service!...
SAINT-JULIEN. — Mais parle donc; ce moyen...
COMTOIS. — Personne ne m'a vu entrer dans ce château; on ne sait pas que je vous ai parlé; cela nous sert à merveille!... Il faut d'abord...
SAINT-JULIEN. — Ah! mon Dieu!... voilà toute la société qui se rend dans les jardins; on va venir ici, et tu ne pourras pas me dire...
COMTOIS. — Courez vite rejoindre ces dames... N'importe! il faut pas qu'on me voie maintenant... je ne suis pas prêt... Vous les ramènerez plus tard dans ce salon.
SAINT-JULIEN. — Mais ton projet...
COMTOIS. — Il réussira; ne craignez rien... et tenez-vous prêt à me seconder.
SAINT-JULIEN. — Te seconder!... et tu ne m'as rien appris!
COMTOIS. — C'est égal, monsieur, vous me devinerez facilement... Allez, allez, je vous réponds de tout!...
SAINT-JULIEN. — Allons, je m'abandonne à toi.
(*Il sort*.)

SCÈNE XI.
COMTOIS seul.

Bon, les voilà qui s'éloignent!... et pendant qu'ils vont se promener, j'ai le temps de me préparer pour l'aventure dont je vais me rendre le héros!... Les domestiques sont, à ce qu'il paraît, occupés d'un autre côté... Allons, à la besogne, j'y suis... défaisons cette cravate... froissons ce gilet... déchirons même un peu ce jabot!... C'est dommage, c'est un cadeau d'une petite brodeuse... N'importe! il faut faire des sacrifices. C'est cela... la coiffure en désordre... et l'habit donc!... Allons... me voilà un homme attaqué, rossé et volé... comme tant d'autres!...

AIR.

Combien de fois, pour séduire une belle,
Pour attendrir une cruelle,
N'ai-je pas su mentir on ne peut mieux!...
En décomposant ma figure,
De la plus tragique aventure
On me croyait le héros malheureux...
Et dans mon ardeur extrême,
Donnant à mes récits un air de vérité,
Souvent je finissais moi-même
Par croire le roman, que j'avais inventé.

Oui, j'ai consacré ma vie
Aux amants, à la beauté;
Et j'ai servi la folie,
Aux dépens de la vérité.

Tour à tour, quand on l'ordonne,
Dans un bois où l'on m'abandonne,
Je succombe à mon effroi!...
Et je me console donne
Qu'on ait cru mort autant que moi!
Faut-il par quelque stratagème
Effrayer l'objet qu'on aime?
J'ai des brigands tant que je veux!
Et je me vole moi-même
Quand je ne puis pas faire mieux!

Oui, j'ai consacré ma vie,
Aux amants, à la beauté,
Et j'ai servi la folie,
Aux dépens de la vérité.

Mais le temps passe, allons, sans plus attendre,
Par les gens du château sachons nous faire entendre.

Il se jette dans un fauteuil, comme un homme désespéré, et commence à crier :

Ah! malheureux!... ciel!... au secours!...
Ah! que dira mon pauvre maître?...
Dieu! comment lui faire connaître...
(*Plus bas*.) On ne vient pas... seraient-ils sourds?...
(*Criant*.) Ah! malheureux!... ciel!... au secours!...

SCÈNE XII.

COMTOIS, Valets du château.

CHŒUR DE DOMESTIQUES, *qui arrivent par divers côtés.*
Des cris se sont fait entendre...
Serait-ce quelque malheur ?...
(*Allant à Comtois, qui se frappe le front.*)
Parlez, il faut nous apprendre,
Le sujet de votre douleur.
COMTOIS. Ah ! malheureux !...
LE CHŒUR. Mais, qu'avez-vous ?
COMTOIS. Infortuné !

ENSEMBLE.

LE CHŒUR. Répondez-nous,
Tout pourra s'arranger peut-être.
Allons, parlez et calmez-vous !
COMTOIS. Ah ! que dira mon pauvre maître ?
Comment supporter son courroux ?

SCÈNE XIII.

Les Précédents, ERNESTINE, ADÈLE, SAINT-JULIEN, FRANVAL.

ERNESTINE. — Que signifient ces cris... ce tapage ?
SAINT-JULIEN. — Que vois-je ? Comtois !... mon domestique !...
TOUS. — Se pourrait-il !
SAINT-JULIEN. — Malheureux ! dans quel état !...
COMTOIS. — Ah ! mon cher maître !... quand vous saurez !... (*A Ernestine.*) Madame !... pardonnez, si mes cris, ma douleur... mais dans les premiers moments du désespoir, on ne peut pas en retenir les élans !... Ah !...
SAINT-JULIEN *à part.* — Je tremble qu'il ne dise quelque sottise !...
ERNESTINE. — Pauvre garçon !... Mais vous avez donc été attaqué ?
COMTOIS. — Ah ! bien pis que cela, madame ; j'ai été volé... assassiné !...
TOUS. — Assassiné !...
COMTOIS. — C'est-à-dire... rossé !... à... peu de distance d'ici, dans le bois qu'il faut traverser avant d'arriver au château...
FRANVAL. — Et vous a-t-on pris beaucoup ?...
COMTOIS. — Ah ! monsieur, ce n'est pas ce qui m'appartenait que je regrette !... mais, hélas !...
SAINT-JULIEN *à part.* — Bon ! je comprends !... (*Haut, avec feu.*) Grand Dieu !... tu avais ce portefeuille que mon banquier devait te remettre ?
COMTOIS. — Oui, monsieur... oui... c'est cela même !... je l'avais... et je ne l'ai plus !...
SAINT-JULIEN. — Malheureux !.
COMTOIS. — Je ne voulais pas m'en charger... vous le savez, monsieur ; j'avais un pressentiment !... mais vos ordres !...
SAINT-JULIEN. — En effet, je l'ai voulu...
ADÈLE. — Et contenait-il une forte somme ?...
SAINT-JULIEN. — Deux cent mille francs !... que j'avais fait réaliser pour une acquisition de ce pays !...
ERNESTINE. — Grand Dieu ! Malheureux Saint-Julien !...
FRANVAL. — Mais tout espoir n'est pas perdu, peut-être ! il faut poursuivre les voleurs...
SAINT-JULIEN, *embarrassé, à Comtois.* — C'est... dans le bois... que tu as été attaqué ?
COMTOIS. — Oui, monsieur... par quatre brigands épouvantables.
FRANVAL *à Saint-Julien.* — Interrogez votre domestique, et allez de suite prévenir la justice de cet événement ; pendant ce temps, je vais battre le bois. (*Aux valets.*) Suivez-moi, mes amis... et tâchons d'arrêter quelques-uns de ces misérables.
(*Il sort, suivi des valets.*)

SCÈNE XIV.

ERNESTINE, ADÈLE, SAINT-JULIEN, COMTOIS.

COMTOIS *à part.* — Il sera bien adroit s'il les attrape !...
ADÈLE. — Quelle cruelle aventure !
ERNESTINE. — Mais ce pauvre garçon doit avoir besoin de se remettre de ses fatigues, avant de nous donner d'autres détails sur cet événement... Tous mes gens ont suivi Franval...
ADÈLE. — Je vais le conduire à l'office.
SAINT-JULIEN *bas à Adèle.* — Comtois vous apprendra tout.
ADÈLE. — (*A part.*) Que veut-il dire ? (*Haut.*) Suivez-moi, mon ami !...
COMTOIS. — Ah ! madame, vous avez trop de bonté.
(*Ils sortent.*)

SCÈNE XV.

ERNESTINE, SAINT-JULIEN.

SAINT-JULIEN *à part.* — Je vois le parti que je puis tirer de notre prétendu vol !...
ERNESTINE. — Vous voilà bien affligé, Saint-Julien ; je le conçois ; cependant, peut-être y a-t-il encore quelque espoir...
SAINT-JULIEN. — Je n'en ai aucun !... Les misérables qui ont volé mon domestique auront pris leurs précautions pour n'être pas arrêtés !...
ERNESTINE. — Deux cent mille francs !... c'est une somme considérable !...
SAINT-JULIEN. — Cet événement dérange ma fortune !... mais je saurai me restreindre !... et il ne m'afflige qu'en ce qu'il doit rompre les engagements qui existaient entre nous...
ERNESTINE. — Que voulez-vous dire ?
SAINT-JULIEN. — Vous devez me comprendre, madame ; je ne dois plus me souvenir de la promesse que vous me fîtes autrefois...
ERNESTINE. — Quoi, monsieur ! vous penseriez que le dérangement survenu dans votre fortune pourrait me faire manquer à ma parole ?
SAINT-JULIEN. — Non, madame, non ; je connais votre délicatesse, je sais que cet événement ne changera pas vos sentiments !... mais je sais aussi ce que je dois faire !... et lorsque les partis les plus brillants s'honorent de recevoir votre main, je ne profiterai pas d'une promesse pour...
ERNESTINE. — Oh ! j'ai votre parole, monsieur, et j'exige que vous la teniez.
SAINT-JULIEN. — Nous reprendrons cet entretien ; mais permettez que j'aille près de mon domestique apprendre tous les détails de ce malheureux événement.
ERNESTINE. — J'espère vous revoir bientôt.
SAINT-JULIEN *à part.* — Fort bien ! je pourrai quitter le château sans être dans mon tort !
(*Il salue et sort.*)

SCÈNE XVI.

ERNESTINE seule.

Voilà les hommes !... Saint-Julien me croit capable de l'abandonner quand il est malheureux !... Non, monsieur, non, vous serez mon époux ; il le faut !... Ah ! Franval ! c'est à présent que nous sommes séparés pour jamais !...

SCÈNE XVII.

ERNESTINE, FRANVAL.

FRANVAL *accourant en s'essuyant le front.* — Ah ! me voilà !... je n'ai encore rien découvert ; mais je veux, avant tout, savoir de nouveaux détails... et dans quelle partie du bois... Eh bien ! qu'avez-vous donc ? quelle tristesse !...
ERNESTINE. — Laissez-moi, Franval ; ne me parlez plus... Tout est fini... plus d'amour entre nous...
FRANVAL. — O ciel ! et d'où vient ?...
ERNESTINE. — Saint-Julien perd une partie de sa fortune, et cela me force à l'épouser ; oui, monsieur, il faut maintenant que je sois sa femme !...
FRANVAL. — Mais encore... écoutez-moi !...
ERNESTINE. — Non, Franval ; je ne veux plus... je ne dois plus vous écouter !...
(*Elle sort.*)

SCÈNE XVIII.

FRANVAL seul.

FRANVAL *seul.* — Allons, elle ne veut rien entendre.

AIR.

Elle me fuit, grand Dieu ! quelle rigueur !
Plus de repos si l'ingrate m'oublie.
Me faudra-t-il, hélas ! perdre son cœur ?
Lorsque je veux lui consacrer ma vie,
Elle me fuit !

Elle veut tenir sa promesse,
Ah ! je dois tout craindre en ce jour ;
Faut-il donc, par délicatesse,
Etre infidèle à notre amour ?

Dieu des amants, ah ! je t'implore,
Tu vois ma peine et mon ennui ;
Daigne me prêter ton appui

Auprès de celle que j'adore.
Mais, hélas!
Elle me fuit, etc.

Et pourtant c'est moi qu'elle aime!... Ce matin encore elle m'en faisait l'aveu... et il faut que mon rival ait le bonheur d'être volé!... car il semble que ce soit un fait exprès!... Il y a de quoi perdre la tête!... Comment faire maintenant pour empêcher ce mariage?... Eh! mais!... quelle idée! sans doute!... je suis riche, et je puis... Oui, c'est cela!... Que m'importe un peu moins de fortune?... N'est-ce pas à la possession d'Ernestine qu'est attaché mon bonheur?... Ah! monsieur Saint-Julien! vous aurez beau être volé, vous serez riche; mais vous n'épouserez pas celle que j'aime. Le notaire du village est mon ami... il servira mon projet... Oui... je puis... (Il rêve.)

(Comtois arrive par le fond.)

SCÈNE XIX.
FRANVAL, COMTOIS.

COMTOIS à part. — Voilà ce monsieur qui court après nos voleurs.
FRANVAL vivement à Comtois, en l'apercevant. — Ah! mon ami, rassure ton maître; dis-lui que l'on a déjà découvert la trace de tes voleurs, et avant peu j'espère...
COMTOIS. — Comment dites-vous, monsieur?...
FRANVAL. — Sois tranquille! je te répète qu'il n'aura rien perdu!
(Il sort en courant.)

SCÈNE XX.
COMTOIS seul.

On a découvert la trace de mes voleurs! Par exemple! je ne m'attendais pas à cela!... Ah! ce monsieur est dans l'erreur; je sais mieux que personne qu'ils auront beau chercher!... Je leur défie bien d'en attraper un seul!... Mais chut!... voilà ces dames.

SCÈNE XXI.
COMTOIS, ERNESTINE, ADÈLE, puis SAINT-JULIEN.

ERNESTINE. — Ah! vous voilà, Comtois. Comment vous trouvez-vous maintenant?
COMTOIS. — Madame est bien bonne!... je suis beaucoup mieux.. les coquins ne m'avaient pas battu dangereusement!
ADÈLE. — Et votre maître?...
COMTOIS. — Oh! il prend la chose avec courage!... Cependant il se dispose à faire toutes les démarches pour que l'on poursuive ceux qui m'ont attaqué... Justement le voici, disposé à partir, à ce que je vois...
SAINT-JULIEN entrant, son chapeau à la main. — Mesdames, je viens vous faire mes adieux.
ERNESTINE. — Quoi, monsieur, vous nous quittez?...
SAINT-JULIEN. — Pour peu de temps, sans doute!... mais je dois faire, près des autorités, des démarches, afin qu'on se mette sur les traces de ceux qui m'emportent une partie de ma fortune!...
ERNESTINE. — Ce départ me contrarie beaucoup! et si vous me promettiez de revenir bientôt... Mais Franval accourt... saurait-il quelque chose?...

SCÈNE XXII.
Les Précédents, FRANVAL.

FRANVAL allant à Saint-Julien une lettre à la main. — Ah! je vous cherchais! Tenez, voilà une lettre qu'un villageois apportait pour vous; je m'en suis chargé, dans l'espoir qu'elle vous donnera des nouvelles de votre argent.
SAINT-JULIEN la prenant. — Vous êtes trop bon! mais je ne crois pas que ce soit de cela qu'elle traite!
COMTOIS à part. — Ni moi!
FRANVAL. — Et pourquoi donc?
ERNESTINE. — Sans doute!... Lisez vite, je vous en prie!
SAINT-JULIEN ouvrant la lettre. — Elle est du notaire de l'endroit... oyons... (Il lit.) « Monsieur, un des coquins qui ont volé votre let de chambre vient d'être arrêté par mon domestique et conduit ez moi. »
(Il s'arrête, et regarde Comtois, qui le regarde aussi.)
COMTOIS à part. — Vous qui est fort!...
SAINT-JULIEN regardant Adèle. — C'est bien singulier!...
ERNESTINE. — Continuez donc...
COMTOIS. — Oh! oui, monsieur, car c'est curieux à entendre!...
SAINT-JULIEN lisant. — « Je lui ai promis sa grâce s'il restituait ce qu'il possédait, en m'indiquant où je pourrais faire prendre ses complices... il l'a fait... Avant peu j'espère vous remettre tout ce qu'on vous a pris; en attendant, vous pouvez venir toucher chez moi soixante mille francs que le coquin a restitués, et que je tiens à votre disposition. »
COMTOIS à part. — Ah! voilà qui passe le reste!...
ADÈLE à part. — Je n'y conçois rien!
SAINT-JULIEN. — Allons, il n'est pas possible... Eh bien! Comtois, que dis-tu de cela?
COMTOIS. — Moi, monsieur?... je dis que... ma foi... je ne sais plus que dire!...
ERNESTINE. — Mais qu'y a-t-il donc là de si extraordinaire? cet homme a tout avoué pour obtenir sa grâce... cela se voit tous les jours...
FRANVAL. — Sans doute... maintenant je réponds de votre somme!
COMTOIS. — Allons, monsieur, il faut aller toucher l'à-compte, voilà tout!...

CHANT.

ERNESTINE et FRANVAL à Saint-Julien.
Sans plus tarder, il faut partir,
Et vous rendre chez ce notaire.
SAINT-JULIEN et COMTOIS à part.
Ceci cache quelque mystère;
Mais je saurai le découvrir.
ERNESTINE. Mais qui peut donc vous retenir?

ENSEMBLE.

SAINT-JULIEN et ADÈLE à part.
Cet incident me désespère!...
Ceci cache quelque mystère;
Mais nous saurons le découvrir.
COMTOIS à part. On nous trompe, la chose est claire :
Mais d'où cela peut-il venir?
ERNESTINE et FRANVAL. Vous ne perdrez rien, je l'espère,
Et j'en éprouve un grand plaisir.

ERNESTINE. Cette lettre est claire, je pense.
FRANVAL. Vous recouvrerez votre argent.
SAINT-JULIEN. Non, je ne puis, en conscience,
Prendre ce qu'on m'offre à présent.
COMTOIS bas à son maître.
Monsieur, pour sauver l'apparence,
Prenez toujours... soyez prudent.
ERNESTINE. Mais quelle raison vous arrête?
Lorsqu'à tout vous rendre on s'apprête,
Faut-il donc se laisser voler?
SAINT-JULIEN. Eh bien, chez ce notaire,
Puisqu'on le veut, je vais aller...
(A part.) Et pour éclaircir ce mystère,
Je saurai le faire parler.

ENSEMBLE.

FRANVAL et ERNESTINE à part.
Cette heureuse circonstance,
De mon cœur comble les vœux,
Et me laisse l'espérance
De former les plus doux nœuds.
SAINT-JULIEN et ADÈLE à part.
Agissons avec prudence;
Il faut céder à leurs vœux,
Mais conservons l'espérance
De former les plus doux nœuds.
COMTOIS à Saint-Julien, à part.
Agissez avec prudence,
Il faut céder à leurs vœux,
Et conservez l'espérance;
Je saurai rompre ces nœuds.
(Les deux dames sortent, suivies de Saint-Julien

SCÈNE XXIII.
FRANVAL, COMTOIS.

FRANVAL à part. — Allons, tout va bien!...
COMTOIS à part. — Il y a là-dessous quelque contre-ruse qu'il faut que je découvre, ou je suis déshonoré!...
FRANVAL. — Savez-vous, Comtois, que votre maître est un homme singulier?... Comment! il semble qu'il soit fâché de recouvrer l'argent qu'on vous a pris...
COMTOIS à part. — Ce monsieur Franval a lui-même apporté la lettre... Eh! mais... j'ai des soupçons... parbleu! cela serait plaisant!...
FRANVAL. — Eh bien! vous ne répondez pas?...
COMTOIS. — Pardon, monsieur, c'est que je songeais... si j'osais

parler à monsieur, il verrait bien que l'étonnement de mon maître était assez naturel.

FRANVAL *à part*. — Que veut-il dire?... *Haut*.) Eh bien! parle, explique-toi !...

COMTOIS. — Je crains que mon maître ne se fâche; c'est un secret... et...

FRANVAL *s'approchant de lui*. — Que crains-tu!... il ne saura rien... (*Lui mettant une bourse dans la main*.) Je suis discret!...

COMTOIS *mettant la bourse dans sa poche*. — Oh! dès que monsieur est discret!... je suis tranquille!... Apprenez donc que, par le hasard le plus singulier, les gens qui m'ont volé ont eu des remords!... c'était, à ce qu'il paraît, de pauvres diables!... égarés par la misère... mais ils ont entendu la voix de l'honneur, et un quart d'heure avant que vous apportassiez votre lettre, mon maître en avait reçu une autre, renfermant ses deux cent mille francs, avec les expressions du plus vif repentir!

FRANVAL. — Se pourrait-il!... mais ce départ de ton maître?...

COMTOIS. — Ce n'était que pour céder aux désirs de ces malheureux, qui, de crainte d'être soupçonnés, l'avaient supplié de faire semblant de poursuivre les voleurs.

FRANVAL *à part*. — Allons! j'ai encore fait une étourderie. (*A Comtois*.) Et ma lettre?

COMTOIS *riant*. — Votre lettre!... Ah! monsieur, vous pensez bien que nous ne pouvions plus y croire!... et que j'ai bien vite deviné!...

FRANVAL *vivement*. — Eh bien! oui, je l'avoue, c'était une ruse de ma part; je craignais que madame de Montbrun n'épousât Saint-Julien par délicatesse; car je ne puis plus te le cacher, Ernestine et moi nous nous aimons, et ton maître est venu fort mal à propos!...

COMTOIS *à part*. — Eh! allons donc! c'est cela!... (*Haut*.) Comment, monsieur... vous aimez madame de Montbrun?

FRANVAL. — Je l'adore, te dis-je, et il faut absolument que tu serves mon amour; en me secondant, tu sers aussi ton maître, car s'il épouse Ernestine, qui ne l'aime pas...

COMTOIS. — Oui, j'entends!... j'entends... vous avez raison, il faut rompre leur mariage!...

FRANVAL. — Agis, exécute, dispose de ma fortune!...

COMTOIS. — C'est arrangé, monsieur.

FRANVAL. — Se pourrait-il!

COMTOIS. — Sans doute!... ce soir même votre contrat se signera.

FRANVAL. — Tu es un garçon impayable!... ce moyen?...

COMTOIS. — J'aperçois madame de Montbrun... venez, monsieur, je vais vous mettre au fait de tout!...

(*Ils sortent par la droite, Ernestine vient par la gauche*.)

SCÈNE XXIV.

ERNESTINE *seule, tenant une lettre ouverte à la main*.

Je ne reviens pas de ma surprise!... cette lettre que je viens de trouver dans l'appartement de ma sœur... oh! elle est bien de Saint-Julien... à madame d'Ormeville. Quelle heureuse découverte!... Mon jardinier vient aussi de m'apprendre qu'il a trouvé le cheval de Comtois chargé de la valise de son maître, et attaché à l'entrée du parc!... En vérité, les voleurs ont été de bien honnêtes gens!... Ah! je devine tout maintenant.

AIR.

De l'amant le plus parfait
Le croyant le modèle,
Sa présence rendait
Ma peine plus cruelle.
Désormais par son inconstance,
Je suis maîtresse de mon cœur,
Ah! je renais à l'espérance,
L'amour me promet le bonheur.

Saint-Julien n'est plus le même,
Non ce n'est plus moi qu'il aime,
Adèle est l'objet de ses vœux,
Et nous avons changé tous deux.
Cette vive ardeur
Qu'il me faisait paraître,
C'est ma chère sœur
Qui la faisait naître.

Désormais par, etc.

Voilà Saint-Julien... profitons de ce que je sais pour nous amuser un peu à ses dépens.

SCÈNE XXV.

ERNESTINE, SAINT-JULIEN.

SAINT-JULIEN *à part, en serrant une lettre dans sa poche*. — Comtois vient de me donner la pièce de conviction... Ah! madame, c'est ainsi que vous êtes fidèle!...

ERNESTINE *gaiement*. — Ah! c'est vous, Saint-Julien?...

SAINT-JULIEN. — Oui, madame, je viens de chez ce notaire.

ERNESTINE. — Eh bien! vous a-t-il remis les soixante mille francs?...

SAINT-JULIEN. — Oh! sans nulle difficulté!...

ERNESTINE. — Et les autres voleurs?...

SAINT-JULIEN. — C'est comme s'ils étaient arrêtés!... je suis sûr de mon argent!

ERNESTINE. — Cette nouvelle me fait le plus grand plaisir.

SAINT-JULIEN. — Vous ne devez pas douter non plus de celui que je ressens!... l'obstacle qui me séparait de vous n'existe plus...

ERNESTINE. — Vous savez que je n'en ai jamais connu!

SAINT-JULIEN. — Rien maintenant ne peut s'opposer à mon bonheur... à moins que votre volonté...

ERNESTINE. — Ah! vous ne doutez pas qu'elle ne vous soit favorable!...

SAINT-JULIEN *à part*. — D'honneur! on ne trompe pas mieux que cela!

ERNESTINE. — Je dois récompenser votre constance!...

SAINT-JULIEN. — Elle est égale à la vôtre!...

ERNESTINE *à part*. — Que les hommes sont faux!...

SAINT-JULIEN. — J'avais compté sur votre amour, aussi j'ai prévenu le notaire, il me suit...

ERNESTINE. — Le notaire?... (*A part*.) De mieux en mieux; mais voyez donc quelle assurance!...

SAINT-JULIEN. — Aurai-je eu tort?

ERNESTINE. — Non!... quand on s'aime... comme nous nous aimons, on ne saurait trop assurer son bonheur!...

SAINT-JULIEN *à part*. — Il me tarde de la confondre!

ERNESTINE *à part*. — Quel plaisir j'aurai à lui prouver sa perfidie!...

SCÈNE XXVI.

LES PRÉCÉDENTS, FRANVAL, ADÈLE, COMTOIS.

CHANT.

FRANVAL et ADÈLE. Le notaire est en ces lieux,
L'hymen va combler vos vœux;
Il faut, sans tarder davantage,
Former le plus doux mariage.

COMTOIS. Au notaire qui vous attend
Que dois-je dire?...

ERNESTINE. Un moment!
Avant que nos destinées
L'une à l'autre soient enchaînées,
(*A Franval*.) De ce billet qu'on a perdu
Veuillez lire le contenu.

FRANVAL *prend la lettre et lit*.

« Vous que j'aime, vous que j'adore,
» Daignez recevoir mes serments!
» Oui, je vous le répète encore,
» Je romprai mes engagements,
» De votre sœur, aimable Adèle,
» Je ne puis plus être l'époux,
» A vous seule je suis fidèle,
» Et je ne veux aimer que vous!...
                        » *Signé* SAINT-JULIEN. »

TOUS. Ah! c'est fort bien!...

ERNESTINE. Eh bien! monsieur?

SAINT-JULIEN. Eh bien! madame?

ERNESTINE. Ce billet peint-il votre flamme?
Il est de vous...

SAINT-JULIEN. Oui, j'en conviens!
Mais avant que nos destinées
L'une à l'autre soient enchaînées,
(*A Adèle*.) De ce billet qu'on a perdu
Veuillez lire le contenu!...

ADÈLE *prend la lettre et lit*.

« Mon cher Franval, comptez sur ma constance,
» De vous seul j'attends mon bonheur,
» Saint-Julien n'aura point mon cœur,
» Je vous en donne l'assurance;
» Il ne peut être mon époux,
» Car je ne veux aimer que vous.
                        » ERNESTINE. »

TOUS. Ah! c'est fort bien!...

ERNESTINE. Eh bien! monsieur?

SAINT-JULIEN. Eh bien! madame?

ERNESTINE. Ce billet peint-il votre flamme?
Il est de vous...

SAINT-JULIEN. Oui, j'en conviens!

SAINT-JULIEN *lui rendant sa lettre*. — (*Parlé*.) Voulez-vous permettre, madame, que je vous restitue...

ERNESTINE *lui rendant la sienne*. — Ah! monsieur, c'est à moi de vous remettre... (*Ils rient*.) Ah! ah! ah!...

TOUS DEUX ENSEMBLE. (*Le chant reprend*.)
Ah! c'est charmant en vérité.

De brûler d'une ardeur extrême,
Et de trouver dans ce qu'on aime
Et constance et fidélité.
(Ils répètent tous.)
Ah! c'est charmant en vérité,
De brûler d'une ardeur extrême,
Et de trouver dans ce qu'on aime
Et constance et fidélité.

ERNESTINE. — Eh bien! Saint-Julien, nous sommes tous deux aussi coupables!...
SAINT-JULIEN. — Nous n'avons aucun reproche à nous faire.
COMTOIS. — Et moi, comme chef des voleurs, je vous demande leur

FRANVAL à *Saint-Julien*. — Ah! si j'avais deviné votre amour, que de tourments je me serais épargnés!
ADÈLE à *sa sœur*. — Si tu m'avais dit un mot de cela, je n'aurais pas été si fâchée de l'aimer!...
COMTOIS. — Voilà comme c'est dans le monde, on se garde parce qu'on se croit fidèle!... et pourtant il ne s'agit que de s'entendre!

FINALE.

Par un double mariage
Célébrons cet heureux jour ;
Le bonheur est le partage
Des nœuds formés par l'amour.

PETITS TABLEAUX DE MŒURS,

PAR

PAUL DE KOCK.

UNE MAISON DE PARIS.

Voulez-vous connaître l'intérieur d'une maison, savoir le nom des personnes qui l'habitent, leur état, leurs habitudes, leur fortune? Il n'est pas besoin de faire d'avoir un *Asmodée* à vos ordres, il vous suffira de causer un moment avec le portier.

Je désirais, il y a quelque temps, louer un appartement dans une maison de fort belle apparence ; le portier ne me laissa pas le temps de lui demander des informations.

— *Notre maison*, me dit-il, est parfaitement habitée depuis le haut jusqu'en bas. Cette boutique qui tient toute la façade est occupée par un marchand de comestibles. Ah! monsieur, c'est un homme qui entend bien ses affaires ; il a toute l'année à sa porte des chevreuils, des lièvres, des faisans et des pâtés de Périgueux; cela fait venir l'eau à la bouche... Aussi tous les passants s'arrêtent avec complaisance devant *notre maison*; j'ai même remarqué un vieux monsieur qui ne manque jamais de venir le matin manger son petit pain devant la boutique, lorsqu'il en sort une odeur de truffes qui embaume tout le quartier. Ce marchand-là fera fortune, quoique le voisin d'en face prétende que depuis six mois c'est toujours le même chevreuil qui est pendu devant sa boutique. Les étrangers arrivent chez lui en *influence*, et il vient de se marier avec une jeune personne qui lui a apporté en dot douze cents barils de thon mariné.

L'entre-sol est loué à une *femme artiste*; c'est une personne distinguée, et qui ne reçoit que des gens à équipage, des milords anglais, russes ou italiens. Je ne vous dirai pas précisément si c'est une chanteuse ou une danseuse, mais ce doit être l'une ou l'autre, car je l'entends toujours chanter, et elle ne marche que la pointe du pied. Du reste, tenue très-décente, mise fort élégante, des cachemires, des diamants, et payant fort. bien son terme.

Au premier nous avons un négociant ou un homme d'affaires, je ne sais pas positivement lequel des deux, mais ce sont des gens qui reçoivent beaucoup de monde et font un grand étalage. Ils ont fait de la dépense en peintures, papier, boiseries, réparations; on dit, entre nous, que tout cela n'est pas encore payé... Cependant ils donnent souvent des soirées, des punchs, des concerts, des bals; on y joue un jeu d'enfer... On y reste fort avant dans la nuit ; mais je ne peux pas me plaindre, ils me donnent les vieilles cartes que je revends au marchand de tabac qui en fait des neuves, et ils ont infiniment d'*attentions* pour moi... Ce sont des personnes que j'estime beaucoup et que je tiens à conserver.

Au second loge un tailleur qui a cabriolet et ne va prendre ses mesures qu'en voiture. Il n'y a que trois ans qu'il est établi, et déjà il a acheté une belle maison de campagne aux environs de Paris. Il paraît que cet homme-là taille dans le grand et qu'il a la coupe heureuse. Il m'a dit que dans cinq ans il aurait assez travaillé, et qu'il se retirerait avec quinze mille livres de rente. Voyez pourtant ce que c'est, monsieur! voilà trente-deux ans que je tire le cordon, et je n'ai pas pu encore mettre di écus de côté!...

Au troisième, nous avons un ménage avec deux enfants et un chien. Le mari est un homme de bureau ; il a quarante ans environ. Jamais je ne le vois sortir avec sa femme, qui pourtant très-bien encore. Il part le matin, rentre dîner, puis, aussitôt le café pris, repart pour ne rentrer qu'à minuit. C'est tous les jours la même chose. A la vérité, madame reçoit des visites... Il y a entre autres un jeune homme blond... Je ne sais pas si c'est un ami du mari, mais ce qu'il y a de certain, c'est qu'il vient tous les soirs quand il est sorti, et s'en va une demi-heure avant qu'il revienne. Dame! écoutez donc, il faut bien que cette petite femme ait de la distraction. Et puis la bonne dit que quand elle est avec son mari, ils ne font que se disputer. Demandez-moi un peu pourquoi ces gens-là se sont mariés.

Au quatrième, nous avons un maître de danse, qui donne toutes les semaines dans sa chambre de petits bals champêtres, mais à ses élèves seulement; il est vrai que ceux-ci peuvent y amener des amis, qui peuvent y conduire des connaissances... Du reste, c'est honnête, c'est bourgeois. C'est ma femme qui apprête les rafraîchissements : de la bière coupée pour éviter les fluxions de poitrine. C'est le maître de danse qui fait l'orchestre à lui tout seul, mais il fait autant de bruit que s'il y avait dix musiciens, et il joue toujours près d'une fenêtre ouverte pour qu'on l'entende de la rue. Les demoiselles ne valsent qu'avec la permission de leurs mamans.

Pour le cinquième, comme cela fait mansarde, vous sentez bien que ce n'est pas là qu'il faut chercher le beau monde. Nous y avons pour le moment une vieille femme qui a deux filles... Ce sont de *petites gens!*... La mère est infirme; les filles sont, je crois, couturières; elles travaillent toute la journée, et même passent souvent les nuits à l'ouvrage... ce dont je porterai plainte au propriétaire, parce qu'elles pourraient quelque nuit mettre le feu. D'ailleurs voilà deux termes arriérés, et vous comprenez que nous serons forcés de leur donner congé, parce que dans une maison comme celle-ci on tient à n'avoir que des gens comme il faut.

Le portier avait fini, je m'éloignai en jetant tristement un regard sur les mansardes ; ce n'était que là que j'apercevais des *gens comme il faut*... Mais on allait donner congé aux pauvres filles qui travaillaient une partie de la nuit pour soulager leur mère.

L'ATELIER DE FLEURISTES.

Entrons dans cet atelier où je n'aperçois que des femmes; elles sont presque toutes jeunes, et il y en a de fort jolies. Penchées devant ces longues tables surchargées de batiste, de couleurs, de colle, de pinceaux, de fil d'archal, de feuilles découpées, ces demoiselles font des fleurs. Comme elles sont habiles! quelle vivacité! quelle adresse! quel goût elles mettent dans ce travail! Les fleurs qui naissent sous leurs doigts comme par enchantement pourraient, si elles en avaient le parfum, le disputer en éclat et en fraîcheur à celles qui embellissent nos parterres.

Mais, tout en travaillant, ces demoiselles causent; la conversation ne languit jamais, quelquefois même il y a confusion. Il paraît que les femmes font très-bien deux choses à la fois, car tout en babillant les fleurs vont leur train.

— Comme je me suis amusée hier! dit une jolie brune au teint rose, aux yeux éveillés. — Qu'as-tu donc fait, Fanny ? — Je suis allée au Cirque avec mon cousin, tu sais... — Ah! oui, ce petit brun qui t'attendait l'autre soir dans l'allée. — Justement. — Il est gentil, c'est dommage qu'il louche un peu. — Non, mademoiselle, il ne louche pas. — Oh! si, ma chère, j'en suis très-sûre, car il m'a beaucoup regardée quand j'ai passé près de lui... Lise, donne-moi la colle

— Je ne sais pas s'il vous a *beaucoup regardée*, mais je sais très-bien qu'il ne louche pas. Ne voudriez-vous pas le connaître mieux que moi? ça serait fort! — Oh! sois tranquille, je ne veux pas te l'enlever! Mais il louche; tiens, Louise était avec moi, elle peut le dire. N'est-ce pas, Louise? — Ah! je crois bien; il a un œil bleu et un œil gris. Passe-moi les pétales de jacinthe. — Vous êtes bien menteuses, mesdemoiselles; et comment auriez-vous vu la couleur de ses yeux dans l'allée, où il ne fait pas clair?
— Ah! ça, c'est vrai, disent les autres jeunes filles; ça n'est pas possible. — Ah! c'est que ces demoiselles sont méchantes. Louise ne devrait pas faire son embarras, elle qui n'a pour la promener que son vieux, qui a toujours l'air gelé. Les ciseaux, s'il vous plaît? — Mon vieux! est-ce qu'un homme est vieux à cinquante-trois ans? c'est la fleur de l'âge, mesdemoiselles. — Oh! oh! jolie fleur!... Qu'est-ce qui a les pinces? — D'ailleurs, il y a bien des jeunes gens qui ne le valent point; et puis moi je n'aime que les hommes *comme il faut*.

Une dame qui a la manie de faire des mariages.

— Tiens, c'est donc un homme comme il faut? Je ne m'en serais pas doutée; je le prenais pour un vieux tisserand; il a toujours un chapeau dont les bords sont tout cassés. — Oh! quelle calomnie!... C'est bon pour votre louchon de cousin, de porter de mauvais chapeaux, ou plus souvent des casquettes. — Mademoiselle Louise, je vous prie de ne pas insulter mon cousin, ou je me plaindrai à madame. — Ah! voyez donc! est-ce que vous croyez que j'ai peur que vous me fassiez mettre en pénitence?... (*Bas.*) Hum! que cette fille-là est méchante! — Hum! la mauvaise langue! — Je m'en irai d'ici à cause d'elle; je ne peux pas la voir. — Je la déteste.
— Allons, la paix donc, mesdemoiselles! dit une fleuriste un peu plus âgée. Au lieu de vous quereller, vous feriez mieux de vous dépêcher; on attend ces couronnes de bal. — Eh, mon Dieu! elles seront faites. — Qu'est-ce que tu as donc, Amélie? tu ne dis rien. — Oh! elle pense à sa nouvelle connaissance. — Bah! elle a donc une nouvelle connaissance? — Tiens, tu ne savais pas cela! Ah! c'est du beau, du grand, du huppé, un milord anglais, ou un Russe de Moscou; n'est-ce pas, Amélie? — Oh! vous avez l'air de vous moquer, mesdemoiselles, mais certainement ce jeune homme-là... De la mousse, s'il vous plaît? C'est un jeune homme en place, c'est au moins un commis. Ah, Dieu! qu'il a bon genre! Je suis sortie avec lui mardi dernier, il avait un manteau. — Un manteau! diable! c'est du sérieux!... Qui est-ce qui a du jaune? — Et il le porte avec une grâce... — Et toi, comment étais-tu mise? — J'avais ma robe de mérinos. Mardi il m'a menée dîner chez un traiteur. — Ah! Dieu! qu'elle est heureuse!... Des feuilles, mesdemoiselles? — Étiez-vous dans un cabinet particulier? — Il le voulait... mais je n'y ai pas consenti... attendez donc... c'était superbe... c'est aux... aux Buffes. — Comment aux Buffes? — Oui, où l'on ne parle que latin, et toujours avec de la musique. — Ah! c'est aux Bouffa que tu veux dire. —

Oui, c'est ça, aux Bouffa... C'est là qu'on joue de jolies comédies! — Ça doit être bien amusant quand on ne comprend rien! — Oh! c'est égal, ça amuse toujours. Quoique ça, nous nous en sommes allés avant la fin, parce que je commençais à m'endormir, et pour revenir nous avons pris un fiacre... parce que j'étais lasse d'être assise. — Ah! vous avez pris un fiacre!... Voilà ma rose achevée. — Il est huit heures, mesdemoiselles. — Il est huit heures! Dépêchons-nous, on m'attend au carré Saint-Martin. — Et moi devant le Gymnase. — Et moi contre l'Ambigu.
Toutes les demoiselles prennent à la hâte leur châle, leur sac, leur chapeau, et se rendent où leurs affaires les appellent. En une minute les tables sont rangées, l'atelier est désert, et le silence a remplacé le bruit que l'on entendait depuis huit heures du matin.

LE BAPTÊME.

— Eh bien! ma voisine, savez-vous la nouvelle? — Quoi donc, ma chère voisine? — Madame Roquet est accouchée hier. — Ah! mon Dieu! cette pauvre madame Roquet! elle était bien méchante durant toute sa grossesse. — Je ne crois pas qu'elle soit meilleure maintenant. — Est-ce une fille ou un garçon? J'ai parié pour un garçon avec M. Mélange, le marchand de vin d'en face. — Vous avez gagné, ma voisine; c'est un garçon qui ressemble déjà beaucoup à ce petit commis marchand qui donnait si souvent à madame Roquet des billets de la Gaîté. — Ah! bon, j'y suis, je me le rappelle parfaitement. — Mais il faut que je vous quitte, voisine; je suis du baptême, je n'ai pas trop de temps devant moi pour faire ma toilette. — Vous me donnerez des dragées, et vous me conterez comment tout se sera passé, car je ne vois plus madame Roquet, depuis qu'elle a laissé perdre un chat superbe dont je lui avais fait présent. — Comptez sur moi, ma voisine.

— Monsieur, voilà votre portefeuille. Ouf! je suis bien aise d'en être débarrassé. Cela me gênait.

Pendant que les deux voisines s'entretiennent ainsi, tout est déjà en l'air dans la maison de M. Roquet, gros marchand épicier de la rue Saint-Antoine, dont la femme vient, comme vous le savez, d'accoucher d'un garçon.
La nourrice tient l'enfant, l'accouchée est étendue avec grâce dans son lit; la garde va, vient, furette dans tous les coins, fait beaucoup d'embarras pour peu de chose, et, au milieu de tout cela, n'oublie pas de s'occuper de son déjeuner et de glisser cinq morceaux de sucre dans son café, tout en répétant à chaque instant qu'elle n'est point *portée sur sa bouche*. Les domestiques sont tout en l'air, et le papa achève de mettre le désordre dans la maison en courant comme un fou, et en criant à qui veut l'entendre : — Je suis père! c'est un garçon, c'est mon fils! Il est de moi, celui-là; ça sera un homme superbe! tout mon portrait!... il est déjà gros comme un bœuf!... Je

veux en faire un génie ; je le mettrai dans une étude d'apothicaire et dans la garde nationale. Ah! ma femme, à propos, comment nommerons-nous ce jeune homme? Roquet d'abord, puisque c'est mon nom; ça va sans dire. Quel joli Roquet cela fera! Mais, ensuite?

— Mon bon ami, dit l'accouchée d'une voix faible, vous savez bien que c'est le parrain qui doit donner son nom. — Ah! c'est juste. Et comment s'appelle-t-il, le parrain? — Edouard, mon ami. — Ah! c'est vrai... Edouard... c'est assez gentil ; cependant j'aurais préféré un nom plus ronflant, plus... enfin... j'en avais retenu un magnifique, dans un mélodrame où il y avait des voleurs... attends donc... Férouski... c'est cela, Férouski Roquet, je veux qu'on l'appelle ainsi. — Mais, mon ami, votre Férouski est un nom polonais ou cosaque, cela fait mal aux oreilles. — Moi, madame, je vous assure que ce sera un nom très-distingué ; et quand mon fils sera établi apothicaire, et qu'il mettra sur sa porte : Pharmacie de Férouski! cela lui amènera nécessairement des figures très-relevées.

Mais une voiture s'arrête devant la maison. C'est le parrain, le jeune commis marchand en grand costume, tenant sous son bras une pile de boîtes de dragées, et donnant l'autre main à la marraine qui a le gros bouquet de rigueur.

On s'embrasse, on donne les présents. — Ah! monsieur Edouard! vous avez fait des folies, dit l'accouchée en recevant les boîtes de dragées, tandis que M. Roquet dit au jeune homme en lui serrant la main et d'un ton pénétré :

— Mon ami, je n'oublierai point que vous êtes mon compère... et dès ce moment tout est commun entre nous.

On admire l'enfant ; M. Roquet salue toutes les fois que l'on dit que le nouveau-né sera charmant. Enfin, on part pour la mairie; mais la voiture se trouve pleine avant que M. Roquet soit prêt ; il la suit de loin à pied, et tout le long du chemin crie en se frottant les mains : — C'est un baptême! c'est mon fils Roquet Férouski-Edouard que nous allons baptiser.

Après avoir rempli toutes les cérémonies d'usage, on revient enfin à la maison du papa, chez lequel un grand repas est préparé. On se met à table ; on boit, on rit, on chante même, mais à demi-voix, pour ne point faire de mal à l'accouchée ;

— Notre maison, me dit-il, est parfaitement habitée depuis le haut jusqu'en bas.

et à la fin de cette journée, M. Roquet est si content, si glorieux, qu'il s'écrie : — Si j'étais millionnaire, je voudrais que ma femme me fît un enfant tous les mois.

LES JEUX INNOCENTS.

LE PIED DE BOEUF.

— Nous avons deux heures devant nous, dit la jolie Adeline à ses compagnes. On vient de commencer un boston dans le salon, il durera longtemps : madame de Bermont en est, et vous savez le temps qu'elle met à réfléchir si elle *demandera* ou si elle *soutiendra*. Faisons quelque chose... Jouons aux petits jeux.

Les petits jeux sont acceptés ; les jeunes personnes s'asseyent, se rapprochent ; les jeunes gens demandent la permission de prendre part aux jeux innocents, elle leur est accordée. On forme le rond. Mais il manque quelqu'un, une grande blonde qui cause avec un vieux monsieur dans un coin du salon.

— Venez donc, Clarisse, lui disent les demoiselles. — Non, je vous remercie, je ne joue pas, répond mademoiselle Clarisse d'un air compassé. Aussitôt toutes les jeunes filles se regardent entre elles en souriant avec malice, et l'on entend ce petit murmure de chuchotement :

— Qu'elle est ridicule!... — Mais voyez donc ce caprice, mademoiselle qui ne veut pas jouer aux petits jeux ce soir!... — Ah! c'est pour se distinguer!... pour se donner un air raisonnable!... — Eh non! ne voyez-vous pas qu'elle cause littérature, poésie avec ce vieux monsieur? elle fait la savante. Je suis sûre qu'il lui fait des compliments... Elle est enchantée... Voyez comme elle prend un air d'importance, elle se pince les lèvres. — Elle! parler littérature!... Oh! ce doit être curieux à entendre!... elle n'y connaît rien du tout!... Figurez-vous que l'autre jour elle voulait me soutenir que le *Solitaire* était de lord Byron. — Ah! c'est délicieux!... — Depuis que son père est monté en grade dans son bureau, mademoiselle se donne des airs... Ah! c'est trop drôle! — Elle veut apprendre la géométrie. — Elle ferait bien mieux d'étudier son piano, sur lequel elle n'est pas supportable. — Et quelle voix criarde!... — Quand elle chante, on croit qu'elle pleure.

— Mais viens donc, Clarisse, viens donc, ma bonne amie! reprend la demoiselle qui vient de parler en dernier. — Non, mesdemoiselles, je ne peux pas... voilà maman qui prend son châle. Il faut que nous nous retirions de bonne heure, nous partons demain pour la campagne du chef de division de mon papa.

Toutes les jeunes filles se regardent de nouveau en se mordant les lèvres pour ne point éclater. Enfin on se rappelle que l'on veut jouer aux petits jeux. Après avoir longtemps délibéré, on se décide pour le *pied de bœuf*, parce que cela ne dérange pas, il ne faut que se rapprocher. Et puis il y a certains jeunes gens qui ne seront pas fâchés de poser leurs mains sur celles de certaines demoiselles ; on peut alors la serrer, la presser sans que cela paraisse... Les cœurs sensibles tirent parti de tout.

Les mains se placent les unes sur les autres. Une, deux, trois... — Allez donc, monsieur, dit-on à un jeune homme dont la main est la dernière, et qui ne pense pas à la retirer, parce qu'il l'appuie avec plaisir sur le genou d'une des amies de Clarisse. C'est à vous à compter... A quoi pensez-vous donc? — Ah! pardon, mademoiselle, je ne savais plus le jeu.

On compte : — Sept... huit... — Neuf, dit une jeune personne de douze ans, et la pauvre petite croit saisir quelque chose, mais elle ne tient rien ; elle est désolée. On recommence ; une jolie brune se trouve la dernière, et quand elle dit neuf... la main du jeune homme se retire si lentement qu'elle n'a pas de peine à la saisir... Il est si doux d'être attrapé par une jolie femme! — Je retiens mon pied de bœuf, dit-elle d'un air triomphant.

— Vraiment! c'est bien malin, dit la jeune fille de douze ans ; monsieur n'a pas été si complaisant pour moi.

Patience, aimable enfant, tu promets d'être charmante ; encore trois ou quatre ans, et tu seras aussi heureuse aux jeux innocents.

REVUE DE BILLETS DOUX.

Dans un moment de désœuvrement on est souvent charmé de trouver de quoi chasser des pensées mélancoliques, ou des réflexions qui ne sont pas toujours aussi philosophiques qu'on le voudrait. Je me sens dans cette situation : pour me distraire, visitons cette cassette que je n'ai pas ouverte depuis bien longtemps ; je ne sais plus ce qu'elle contient.

Que vois-je!... Une foule de lettres de diverses écritures... Ah!

je me rappelle maintenant, c'est là que je serrais jadis les billets de mes belles. Plusieurs années se sont écoulées depuis, j'ai voyagé, couru le monde, on m'a oublié ; c'est tout naturel ! et la cassette est restée fermée. Relisons au hasard quelques-uns de ces billets ; ils ne me causeront plus le même plaisir qu'autrefois ; je sens pourtant qu'ils m'en feront éprouver encore. Le bonheur ne se compose-t-il pas de souvenirs et d'espérances ?

« Cher ami, chaque jour je sens que je t'aime davantage, je ne puis être heureuse loin de toi ; je ne vis plus ; privée de ta présence, je languis, je souffre... je soupire sans cesse... Si tu cessais de m'aimer, il faudrait mourir... Oui ! la mort serait préférable à ton inconstance !... »

C'était de la passionnée Rosemonde... Quel cœur brûlant ! quelle âme de feu !... Mais depuis ce temps elle s'est mariée, elle a eu trois enfants, et elle a pris tant d'embonpoint qu'elle ne marche qu'avec difficulté. Je l'ai aperçue il y a huit jours... On ne se douterait jamais, en la voyant maintenant, qu'elle a voulu mourir d'amour. Voyons-en un autre :

« Vous êtes un monstre, je vous hais, je vous déteste ; je me suis aperçue que vous faisiez les yeux doux à votre voisine. Si toutes les femmes vous connaissaient comme moi, aucune ne voudrait vous voir. Adieu, monsieur, n'espérez plus me tromper, tout est fini désormais entre nous. »

Ah ! charmante Hortense, je me souviens des scènes que vous me faisiez ! Femme fort aimable, fort spirituelle, mais trop jalouse, trop exigeante. Le lendemain du jour où je reçus ce billet de rupture, elle était chez moi à sept heures du matin. Passons à un autre :

« Mon Dieu ! mon bon ami, je ne sais ce que j'éprouve maintenant ; mais, depuis que je vous connais, je ne suis plus la même. Maman me gronde de ce que je suis rêveuse ; est-ce ma faute à moi si je pense continuellement aux jolies choses que vous m'avez dites ? Je n'ai plus de goût à rien : mon piano m'ennuie, le dessin me fatigue, la danse même n'a plus de charmes pour moi. On me gronde parce que je suis pâle. Hélas, je sens bien que je suis très-malade, car je soupire toute la journée, et j'ai le cœur gros comme si je voulais pleurer. Vous m'avez dit que vous m'apprendriez ce que c'est que ce mal-là : c'est pour le savoir que je vous écris en cachette. »

Aimable enfant ! que de naïveté, de grâce, d'innocence... dans son style !... Qui aurait cru qu'au bout de six mois la perfide ne penserait plus qu'à son cousin le hussard... Fiez-vous donc aux ingénues ! Voyons celui-ci :

« Je suis bien étonnée, monsieur, que vous ayez manqué à notre rendez-vous ; je ne suis point faite pour attendre en vain ; vous auriez dû montrer plus d'égards pour une femme comme moi, et ne pas me traiter comme toutes les grisettes que vous connaissez. »

Oh ! oh ! c'était de la prude Césarine, qui dans le monde faisait la sévère, la cruelle, la dédaigneuse, tandis que dans le tête-à-tête... Et tout cela pour finir par épouser un apothicaire de province, qu'elle fait, je gage, enrager du matin au soir. Madame voulait passer pour une vertu farouche... elle se fâchait quand on chantait devant elle *le Sénateur*, ou *En revenant du village* !... Oh ! les prudes sont aussi trompeuses que les ingénues ! Passons à un autre :

« Tu veux donc faire de moi une autre Nina ? Tu me condamnes à dire tous les jours : Ce sera pour demain. Mais demain vient et point de lettre ; et encore il ne faut pas se fâcher, parce que tu ne le veux pas ! Mais avant huit jours je ne te verrai tout ce que j'ai fait... cela t'est bien indifférent, à toi ! Si pourtant j'étais bien sûre de cela... je ne regarderais plus ces vilains yeux qui portent un trouble charmant dans mon âme !... »

Aimable Eugénie... que j'aimais ton style naturel, naïf, et souvent spirituel sans jamais viser à l'esprit ! Que tu exprimais bien l'amour ! En lisant tes lettres j'étais transporté ! Je le fus un peu moins quand je sus que tu en avais écrit autant à vingt autres avant moi. Oh ! les femmes !... les femmes !... Eh ! mais, quel est ce billet si bien plié, qui sent encore le musc et l'ambre ?

« Viens, je t'attends ; j'ai fait mettre les chevaux à mon vis-à-vis. Nous irons déjeuner à Enghien, nous reviendrons dîner au Palais-Royal ; et nous irons le soir à l'Opéra ; je suis libre toute la journée. »

C'était la brillante Eléonore ; elle menait les plaisirs aussi vite que sa vie : avec elle pas un moment d'ennui ; mais il n'était guère possible de la connaître plus d'un mois ; sous peine d'en devenir complètement Pauvre femme ! je l'ai rencontrée hier dans la rue. Quel changement six années ont produit en elle ! j'ai aperçu une femme maigre, débile, mesquinement habillée, dont les traits et la tournure annonçaient le malheur : c'était Eléonore. Je n'ai pas osé l'aborder, j'ai craint de lui faire de la peine, et pourtant je voudrais lui être utile... Ne relisons plus. Je crois que j'aurais mieux fait jadis de brûler tout cela.

LE ROSIER.

Si notre brillante et bruyante capitale est le centre des jeux, des plaisirs, des spectacles, des aventures piquantes et des scènes comiques, les faits touchants, les actes d'amitié, de sensibilité, n'y sont pas non plus étrangers, peut-être même y sont-ils plus communs qu'on ne le pense. Si on les connaît moins, c'est que les Français, toujours portés à rire, aiment mieux raconter une plaisanterie qu'une anecdote sentimentale.

Dans un des quartiers les plus populeux de cette ville, habitait une pauvre femme qui, après avoir perdu successivement son mari et sept enfants, se trouvait forcée de travailler pour vivre. Elle n'était plus jeune et logeait au cinquième étage ; en considération de son âge, les personnes qui l'employaient lui faisaient porter de l'ouvrage et l'envoyaient reprendre, afin qu'elle ne se fatiguât pas en courses souvent répétées.

Dans une maison en face de celle où logeait la pauvre dame, demeurait une jeune fille de dix-huit ans, jolie, douce, sage, et cependant orpheline, vivant seule dans une petite chambre au sixième étage, dont la fenêtre donnait précisément en face de celle de la vieille dame.

La jeune fille brodait pour vivre, elle travaillait avec assiduité. Toute la journée, assise contre sa fenêtre, sa seule distraction était de soigner un beau rosier qu'elle plaçait tous les matins sur sa croisée. Probablement monsieur le commissaire ne regardait pas cette fenêtre-là.

Tout en brodant, la jeune fille aperçut sa voisine, dont l'air respectable lui plut, parce qu'elle n'était pas de ces demoiselles qui tournent les mamans en ridicule. De son côté, la bonne dame était édifiée de la sagesse, de l'aptitude au travail dont la jeune brodeuse faisait preuve. On se salua, on se parla ; puis enfin la jeune fille, en allant et venant pour reporter son ouvrage, monta chez la vieille dame. Bientôt l'amitié la plus sincère s'établit entre ces deux personnes ; quoique d'un âge différent, elles pensaient de même ; la jeune regardait la vieille comme sa mère, et celle-ci croyait retrouver dans la jeune fille un des enfants qu'elle avait perdus.

Cette liaison durait depuis près d'une année ; elle n'était pas de celles que le caprice forme ou détruit. Mais la jeune brodeuse tomba malade ; l'excès du travail avait attaqué sa poitrine, et cette maladie cruelle, qui se développe souvent au printemps de la vie, fit en peu de temps chez elle de terribles ravages.

La plus grande peine de la jeune fille était de ne plus pouvoir aller aussi souvent près de celle qu'elle appelait sa mère. Bientôt il lui fallut renoncer entièrement à ce plaisir. Descendre six étages pour en remonter cinq autres, devenait trop fatigant pour la jeune malade, qui chaque jour perdait ses forces, et, de son côté, la vieille dame ne pouvait plus que difficilement quitter son fauteuil.

Il fallut donc se contenter de se voir à la fenêtre. La jeune brodeuse y plaçait chaque matin son rosier pour le reprendre le soir. Tant que le rosier était sur la croisée, la vieille dame savait que sa jeune amie n'avait pas encore ouvert sa fenêtre ; elle restait alors contre la sienne, et attendait qu'elle se montrât pour lui faire quelques signes d'amitié.

Chaque jour cependant le rosier se montrait plus tard, car la jeune malade ne pouvait plus être matinale... Elle s'éteignait sans le savoir ; la pauvre voisine s'apercevait du changement effrayant qui s'opérait en elle, et quand le rosier tardait à se montrer, son inquiétude devenait plus vive.

La pauvre petite faisait un effort surnaturel pour atteindre et ouvrir encore sa fenêtre ; mais un jour cela lui fut impossible... sa vieille amie attendit vainement que le rosier parût... La journée s'écoula, et le rosier ne se montra pas. — Hélas ! dit la bonne dame, j'ai perdu mon enfant !

En effet, la jeune brodeuse n'était plus ; on la trouva près du rosier qu'elle voulait encore essayer de montrer à son amie.

ELLE ÉTAIT SI JOLIE !

J'avais juré de ne plus aimer ; trompé, trahi cent fois, je voulais, non pas fuir un sexe dont la société fait le charme de la vie, mais du moins le voir avec indifférence, ne plus regarder le mariage qu'en simple amateur, et comme ces joueurs devenus sages qui se bornent à juger les coups sans prendre part à la partie. Mais, hélas, les serments des hommes sont écrits sur le sable, et comment aurais-je pu résister à l'amour quand Clotilde s'est offerte à ma vue ? Elle était si jolie !

J'ai oublié mes serments ; j'ai dit adieu à la sagesse, souvent même à la raison ; pouvait-on la conserver auprès d'elle ? Grâce, tournure, attraits, fraîcheur, elle réunissait tout pour plaire, il fallait l'aimer ; tout le monde cédait à son empire ; je fis comme tout le monde ; mais j'aurais voulu être seul aimé, car nous sommes toujours égoïstes. Pendant quelque temps je crus être adoré, elle me faisait croire tout ce qu'elle voulait ! Comment douter de ce que dit une bouche charmante ?... Alors même que sa coquetterie m'avait attristé, d'un mot, d'un sourire elle dissipait mes soupçons... Elle était si jolie !

Pour elle j'ai fait mille folies ; négligeant mes occupations, mes parents, mes amis, j'oubliais tout pour ne voir qu'elle, pour ne m'occuper que d'elle. Je n'écou... oint de sages conseils ; je fuyais les représentations de l'amitié, je n'avais des yeux que pour elle ; je ne pouvais exister où elle n'était pas. Satisfaire tous ses goûts, tous ses caprices, voler au-devant de ses moindres désirs, était ma plus douce occupation. Je dissipais ma fortune, je perdais mon temps, je négligeais mes talents ; mais je ne regrettais rien.. Elle était si jolie !

Pour prix de tant d'amour, je fus encore trompé ! Elle me quitta !... Je la vis encore... Je ne pus pas même douter de mon malheur. En songeant à tout ce que j'avais fait pour elle, à son ingratitude, à sa perfidie, je me flattais de l'oublier aisément, ou du moins de la haïr autant que je l'avais aimée. Vains efforts ! mon faible cœur l'aimait encore... son image vint constamment le remplir ; et malgré sa trahison, je sentais que je l'adorais toujours... Elle était si jolie !

Mais hélas ! sa carrière fut courte ; moissonnée à la fleur de son âge, la mort l'a frappée au sein des plaisirs, des amours, des séductions dont elle était sans cesse environnée, et qu'elle savait si bien prodiguer à son tour. Tant de grâces, d'attraits n'ont point arrêté la Parque cruelle ! Clotilde est descendue au tombeau ! elle n'a brillé qu'un moment.

Tous ceux qui l'entouraient, qui cherchaient à obtenir d'elle un regard, un sourire, l'ont déjà oubliée pour courir après d'autres conquêtes !.. Seul, je viens visiter son tombeau ; seul, je viens m'asseoir sur cette terre qui recouvre ce que la nature avait formé de plus séduisant. Je ne songe plus aux torts qu'elle eut envers moi, je ne me rappelle que les doux moments que nous passâmes ensemble. Si elle existait encore, je me croirais heureux d'obtenir d'elle une heure d'amour. Pour cette heure-là, je lui pardonnerais encore toutes les autres... Elle était si jolie !

LE FEU.

Lorsque l'hiver revient, le feu règne de nouveau ; que deviendrions-nous sans lui dans ces longues et froides soirées ? O charmant coin du feu ! confident discret ! ta vue seule suffit pour ramener la gaieté, ranimer les esprits et embellir la solitude. Combien de cercles dont le feu est le plus bel ornement !

C'est devant son feu que l'auteur se délasse de ses travaux en rêvant des succès ; c'est encore là qu'il trouve ses vers qui ne venaient point devant son bureau. En tisonnant, le vieillard jouit de ses souvenirs, et sent moins les glaces de l'âge. Devant son feu, on repasse dans sa mémoire les plaisirs de la veille, on forme des espérances pour le lendemain.

Ah ! le tison roule... — Voilà de la société, dit la vieille femme au coin de son foyer. Je suis sûre qu'avant un quart d'heure il m'arrivera du monde... C'est immanquable ! En effet, au bout de quelques minutes on gratte à la porte de la vieille, qui va ouvrir à son chat en disant : C'est le tison qui a fait rentrer Moumoute.

Assis autour du foyer, avec quel plaisir les enfants écoutent leur bonne, qui leur raconte une histoire de voleurs ou de revenants ! Les pauvres petits se serrent les uns contre les autres... Ils ont peur, mais comme cela les amuse ! Leurs regards sont attachés sur la flamme de l'âtre... Ah ! si le feu s'éteignait, les pauvres enfants n'oseraient plus se retourner.

Heureux qui surprend sa belle devant son feu, et peut, n'ayant pour témoin que le foyer discret, lui faire l'aveu de son amour ! Le feu de la cheminée est souvent un puissant auxiliaire... Un seul entretien moins sévère les pieds sur les chenets, et le feu a vu plus d'une défaite.

En se levant on court à son feu ; en sortant de table on y court encore. Le commis, en arrivant à son bureau, va saluer son poêle ou sa cheminée ; c'est en se chauffant qu'il lit le journal, parle politique ou littérature ; c'est là qu'il taille sa plume et mange son petit pain.

Le dos au feu, le ventre à table, le gastronome se rit des maux qui affligent la pauvre humanité. Mais, en se chauffant, il ne voit pas ou ne veut pas voir ce malheureux arrêté dans la rue, et qui lui tend une main tremblante. Si l'hiver se passe gaiement pour ceux qu'un bon feu réjouit, il est bien long, bien dur pour les malheureux qui n'ont pas de bois à mettre dans leur âtre. Les pauvres diables gèlent dans leurs greniers, grelottent dans les rues, sur les places ou aux coins des bornes, trop heureux quand quelques brins de paille allumés leur permettent de réchauffer leurs membres engourdis.

Quand nous nous délassons devant un foyer pétillant, quand nous jouissons de la vue d'un bon feu, pensons quelquefois à ceux qui n'en ont guère... soulageons ceux qui n'en ont pas.

LE MÉNAGE DE M. BERTRAND.

...trand m'engage souvent à aller dîner chez lui, et je n'y vais ...car je me défie un peu de ces offres qui ne vous sont faites que dans la rue, ou lorsqu'on se rencontre chez un tiers. Et puis M. Bertrand a dans toute sa personne un laisser aller qui n'engage pas à partager son dîner : toujours malpropre, quoique portant d'assez belles choses ; ayant un jabot couvert de tabac, un habit taché avec un pantalon neuf, un gilet sale avec une cravate blanche. Le désordre que remarque dans la tenue de M. Bertrand me semble d'un mauvais augure pour son ménage, et en général j'ai remarqué que l'on dîne mal chez les gens qui n'ont pas soin d'eux.

Je ne connaissais pas la famille de M. Bertrand ; mais une affaire me forçant dernièrement à lui parler, je me rendis chez lui. Il était midi, je pensais que je le trouverais, et qu'il aurait déjeuné.

Je pars. Il loge dans un beau quartier, au second étage ; il doit avoir un bel appartement. Je monte, je sonne, j'attends un peu, on ouvre enfin ; c'est une petite fille de cinq à six ans, qui tient une tartine de pain et de raisiné à la main, qui m'ouvre sans me regarder, puis va courir après un petit garçon de sept à huit ans, qui fouille dans un buffet où il paraît puiser en toute liberté.

Je regarde un moment autour de moi ; n'apercevant personne autre et ne sachant de quel côté me diriger, je me décide à m'adresser aux enfants, qui ne m'écoutent pas.

— Mademoiselle, M. Bertrand, s'il vous plaît ?...
— Ah ! Coco, donne-moi du fromage... j'en veux. — Tiens ! t'es gourmande ! n'as-tu pas du raisiné ? — C'est égal ! je veux du fromage, ou je dirai à maman que tu as pris du pâté qu'on gardait pour dîner. — Je m'en moque bien !

J'étais toujours là, écoutant le dialogue des enfants, lorsqu'une dame paraît enfin, à demi habillée, en bonnet de nuit, en camisole, tenant un corset d'une main, un lacet de l'autre. Elle jette un cri en m'apercevant. — Ah ! mon Dieu ! c'est quelqu'un ! et ces enfants n'avertissent pas ! Pardon monsieur, je croyais que c'était le porteur d'eau. Julie ! Julie !... Comme je suis faite ! Julie, ma robe... — Madame, c'est à M. Bertrand que je désire parler. — Oui, monsieur, vous allez le voir. Julie !... Mais où est donc la bonne ? — Maman, elle n'est pas encore revenue du marché. — Ah ! mon Dieu ! deux heures pour acheter un poulet !... c'est une chose affreuse... Et je n'ai personne pour m'habiller ?... C'est égal, monsieur, donnez-vous la peine d'entrer par ici... vous allez trouver M. Bertrand.

Je passe dans une autre pièce, enjambant par-dessus les tabourets, les plumeaux, etc., car l'appartement n'est pas encore fait. Je trouve enfin M. Bertrand, en robe de chambre, au milieu d'un tas de papiers, de livres, de cartons, qui s'amuse à repasser ses rasoirs.

— Eh ! c'est vous, mon cher ami ? me dit-il en venant à moi un rasoir à la main ; mais c'est charmant de venir nous surprendre ainsi... Vous déjeunerez avec nous. — Faites, je vous en prie. — Comment ! vous n'avez pas encore déjeuné, à midi ? — Oh ! nous n'avons pas d'heure, nous autres, et puis l'on a des jours où l'on ne se lève tard. — J'ai déjeuné, et je voulais seulement vous demander un renseignement. — Je suis à vous, permettez que je me rase. — Faites, je vous en prie. — Madame Bertrand, voilà deux heures que je demande de l'eau chaude pour ma barbe. — Eh ! monsieur, Julie a été en mettre au feu. — Adèle, allez voir s'il y a de l'eau chaude pour votre papa. — Ah ! oui, maman, il y en avait, mais mon frère a renversé la cafetière avec son polichinelle. — Allons, c'est égal, je ne ferai ma barbe que demain. Ma femme, fais servir le déjeuner. — Ah ! vous êtes bien pressé aujourd'hui ! il n'y a encore rien de prêt ; Julie n'est pas revenue du marché.

— Si vous vouliez toujours me donner la note que je vous demande, dis-je à M. Bertrand, qui s'était mis à repasser ses rasoirs quoiqu'il ne dût plus faire sa barbe. — Ah ! oui, oui, j'ai votre affaire. Attendez, le papier doit être là.

M. Bertrand cherche, furette dans divers cartons, et ne trouve rien. — Ma femme, n'as-tu pas vu un papier plié en quatre ? Je crois l'avoir laissé avant-hier sur la cheminée. — Un papier !... attendez donc... oui, je t'en ai servie pour allumer mon feu... Est-ce que c'était précieux ? — Eh ! sans doute, madame... Que diable ! on brûle tout ici ! — C'est votre faute, monsieur, il fallait me prévenir.

— Allons, dis-je à M. Bertrand, puisque mon renseignement est brûlé, je ne veux pas vous déranger davantage. — Restez donc à déjeuner, on va faire bouillir du lait, je vais moudre du café, ce sera bientôt fait. — Bien obligé, ce sera pour une autre fois. — Quand vous voudrez ; nous dînons toujours à cinq heures précises, mais j'aime qu'on soit ponctuel ; mais vous savez le chemin, venez, nous causerons d'affaires ; j'en ai de superbes en train.

Après avoir cherché mon chemin à travers les chaises, les joujoux et les balais, je souhaitai le bonjour à M. Bertrand.

TABLETTES D'UN ADO

J'ai eu hier seize ans... Je commence à avoir l'air d'un homme, je suis déjà grand. Mon oncle dit que je ne suis pas mal, ma tante dit que je serai très-bien : ma tante doit s'y connaître mieux que mon oncle ; les femmes ont, dit-on, plus de tact, de finesse que les hommes. Ma petite cousine ne dit rien, et baisse les yeux quand on parle de moi... j'ai dans l'idée qu'elle pense comme ma tante.

Hier ma cousine m'a donné ces tablettes; qu'elles sont jolies!... le charmant cadeau! elle ne pouvait rien m'offrir qui me fit plus de plaisir. « Tenez, m'a-t-elle dit en me les présentant, vous pourrez écrire là-dessus vos secrets, vos pensées. » Les femmes devinent donc que nous avons des secrets? Ma cousine a dix-huit ans, elle est charmante. Les beaux yeux!... Je n'ose cependant les contempler qu'à la dérobée, car je suis tout tremblant quand elle arrête ses regards sur moi. Ah! je voudrais bien savoir si ma cousine a des secrets, et ce qu'elle met sur ses tablettes!

Je viens d'écrire sur celles-ci le nom de ma cousine. Caroline! quel nom charmant!... Caroline! Combien j'aime à le prononcer, à l'entendre! Il me semble que toutes les femmes qui se nomment Caroline doivent être jolies comme ma cousine.

Si j'osais faire des vers pour elle... j'en ai déjà commencé beaucoup... Ah! c'est bien plus amusant que des vers latins. L'an prochain je dois enfin quitter le collége, il me semble que j'aurais bien pu le quitter cette année ; je suis assez savant, mais mon père ne trouve pas cela. Si on voulait me laisser étudier auprès de ma cousine... Je suis sûr que j'apprendrais alors tout ce qu'on voudrait. Quand elle me prie de faire quelque chose, je suis toujours si content!... J'aime bien aussi ma tante ; elle est encore fort jolie. Depuis quatre ans je lui entends dire qu'elle a trente-six ans : ce n'est pas vieux pour une femme, ce doit être bien vieux pour un homme.

C'est vingt ans qui est un bel âge! Ah! quand donc aurai-je cet âgelà! C'est pour le coup que je serai un homme! Dans le monde on fera attention à moi, on ne me regardera plus comme un enfant, je me laisserai venir des moustaches... Que c'est joli, des moustaches!... Et quand je donnerai le bras à ma cousine, il ne faudra pas qu'on la regarde de trop près, je lui ferai un coup d'épée... un coup de pistolet... Ah! il ne faut pas que j'oublie d'apprendre à tirer le pistolet.

Hier j'ai passé la soirée auprès de ma cousine; on a joué aux jeux innocents : je n'aime pas beaucoup ces jeux-là, car il me semble que j'y suis bien gauche.

J'étais assis auprès de ma cousine, son bras touchait le mien... Ah! que j'étais heureux! Mais de l'autre côté il y avait un monsieur qui causait souvent avec elle. Caroline riait beaucoup quand il lui parlait. Je ne sais pourquoi, mais cela me faisait mal de l'entendre rire... cela me donnait envie de pleurer.

On m'a demandé à quoi je pensais, parce que je ne disais rien... J'ai répondu que j'avais mal à la tête... Je devais avoir l'air bien sot! On a joué à bouder. Caroline devait appeler quelqu'un pour qu'on vînt l'embrasser. Je tremblais, j'espérais que ce serait moi. Mais elle a appelé ce monsieur avec qui elle riait tant. Je me suis senti oppressé comme si j'étouffais.

J'étais dans un coin, je ne jouais plus; elle est venue à moi, et, avec son charmant sourire, m'a demandé si j'avais déjà écrit quelque chose sur mes tablettes. Je les lui ai présentées, je tremblais comme la feuille. Elle a vu son nom écrit plusieurs fois, elle a souri; en me les rendant, elle m'a doucement serré la main... je ne savais plus où j'en étais... je ne pense plus qu'à cela... j'ai rêvé toute la nuit de ma cousine!... Elle m'a serré la main... Écrivons cela sur mes tablettes. Chères tablettes!... elles ne me quitteront jamais.

LES AMANTS FIDÈLES.

CHRONIQUE DU BON VIEUX TEMPS.

Le sire d'Apremont possédait un vieux castel de gothique structure, flanqué de tours, de bastions, de fortifications, entouré de fossés pleins d'eau; un énorme pont-levis ne passait qu'au son du cor que faisait résonner un nain placé continuellement en vedette sur une des tourelles.

On ne pénétrait pas facilement dans le castel du sire d'Apremont; mais dans ce temps-là les seigneurs ne se montraient qu'entourés d'une garde nombreuse; leurs vassaux ne pouvaient les approcher : quand même ils l'auraient pu, aucun ne l'eût osé, car chacun d'eux tremblait et frémissait bien qu'au nom de son doux maître ; et dans ce temps-là le maître ne se gênait pas pour faire bâtonner les vilains, les serfs, les varlets, qui se permettaient de lever le nez en sa présence.

Le sire d'Apremont avait une femme belle, gracieuse, mais tant soit peu coquette ; et, dans ce temps-là, les maris ne permettaient point à leurs femmes d'être coquettes. La châtelaine, oubliant d'en demander la permission, avait souri à un beau chevalier qui avait rompu plusieurs lances dans un tournoi. Le sire d'Apremont était jaloux, et dans ce temps-là un jaloux était à craindre. Celui-ci avait remarqué le sourire lancé par sa femme au beau chevalier, et au lieu d'inviter le jeune homme à venir manger sa soupe et à conduire madame au spectacle, comme cela se pratique dans ce temps-ci, le châtelain avait enfermé son épouse dans le fond d'une tour, ne lui donnant pour toute nourriture que du pain et de l'eau, et pour toute distraction que le plaisir de le voir une fois par jour.

Mais, dans ce temps-là, une femme ne riait pas en regardant son mari. La pauvre châtelaine trouva donc plus simple de se laisser mourir de chagrin; car, dans ce temps-là, une femme mourait de chagrin quand elle avait souri à un autre que son mari. L'histoire ne dit pas, cependant, si c'était du repentir d'avoir souri ou du chagrin de ne plus pouvoir sourire : c'est un point qui mériterait d'être éclairci ; je le recommande à nos savants chroniqueurs.

Quand le sire d'Apremont vit sa femme morte, il ne la pleura point, ce qui est très-mal, et ne lui fit point élever un de ces jolis tombeaux couverts de gros de vers à la louange de la défunte; mais, dans ce temps-là, il paraît que les tyrans ne savaient pas dissimuler.

La châtelaine avait laissé une fille à son époux ; et comme cette fille était venue au monde longtemps avant que sa mère eût souri au chevalier du tournoi, le sire d'Apremont avait infiniment de tendresse pour elle : la belle Cunégonde était l'objet de tous ses soins, sa plus chère espérance, ce qui ne l'empêchait pas de la tenir constamment enfermée dans son château, et de ne lui laisser voir que sa duègne, ne lui permettant ni société, ni bal, ni jeux, ni promenades *extra muros*, et ne lui donnant aucun maître. Mais, dans ce temps-là, on trouvait une fille suffisamment instruite quand elle savait se tenir droite, baisser les yeux et faire la révérence... On en apprend bien d'autres aux demoiselles de ce temps-ci.

Un jeune damoisel, qui rôdait autour du château, parvint cependant à faire comprendre à Cunégonde qu'il la trouvait charmante et qu'il brûlait d'amour pour elle. Sans doute elle n'avait pas les yeux baissés lorsqu'elle aperçut les doux regards du damoisel; mais, dans ce temps-là, les filles les plus niaises avaient des distractions. D'ailleurs Cunégonde tenait de sa mère, elle était extrêmement sensible...

Une fille aime à faire
Tout comme a fait sa mère,

dit une chanson dont le refrain sera de tous les temps. Le damoisel demanda au sire d'Apremont la main de sa fille ; mais le châtelain eut la cruauté de la lui refuser, sous prétexte qu'il n'avait pas de rentes. Il paraît que, dans ce temps-là, on tenait à l'argent. Le damoisel désolé voulait se laisser mourir d'amour; mais comme l'amour ne fait pas mourir assez vite, il pensa qu'il valait mieux aller se faire tuer en Palestine ; car, dans ce temps-là, beaucoup de chrétiens s'y faisaient occire par les Sarrasins, et, de leur côté, envoyaient *ad patres* beaucoup d'infidèles... Ils ne les y ont pas envoyés tous, car nous en rencontrons encore dans ce temps-ci.

Le damoisel partit donc, mais en jurant à Cunégonde, toujours par signes et de fort loin, de lui rester fidèle jusqu'à la mort. Sa mie, qui comprenait parfaitement tous ses signes, lui fit de son côté le même serment ; et, dans ce temps-là, on tenait les serments que l'on avait faits.

Voyez pourtant le malheur : à peine le damoisel est-il parti, que le sire d'Apremont meurt, emportant au tombeau l'amour de ses vassaux et de tous ceux qui l'avaient connu, même de la châtelaine qu'il avait fait mourir au fond d'un cachot : c'est du moins ce que dit le chapelain du castel en prononçant son oraison funèbre. Mais, dans ce temps-ci, la mort faisait d'un fripon un honnête homme, et d'un scélérat un homme vertueux; elle fait bien encore quelques prodiges de ce genre dans ce temps-ci. Allez-au Père-Lachaise ou à Montmartre, et lisez les inscriptions : vous serez convaincu que tous ceux qui reposent là étaient doués de mille vertus ; cela fait beaucoup d'honneur à ce temps-ci.

Voilà donc la tendre Cunégonde maîtresse de son sort ; elle voudrait bien apprendre cette nouvelle au damoisel, mais l'étourdi ne lui avait pas laissé son adresse ; et, dans ce temps-ci, le service de la poste ne se faisait pas aussi promptement que dans ce temps-ci : il fallut donc se résoudre à attendre que le croisé donnât de ses nouvelles.

Cunégonde attendit un an... deux ans... trois ans !... Dans ce temps-là, les femmes avaient infiniment de patience. Il se présentait cependant beaucoup de cavaliers qui cherchaient à faire oublier le damoisel; mais ils ne purent en venir à bout. Enfin, ce ne fut qu'au bout de trente ans que le pauvre garçon revint dans sa patrie, où il avait été prisonnier des infidèles ; mais sa maîtresse ne l'avait pas été, elle lui avait gardé son cœur, et il n'en fut pas surpris, car, dans ce temps-là, on croyait aux miracles.

Le damoisel était un peu cassé, un peu voûté; le soleil de la Palestine avait bruni son teint et blanchi ses cheveux, et les infidèles lui avaient cassé quelques dents. De son côté, Cunégonde n'était plus aussi fraîche, aussi rose, aussi svelte, mais elle faisait toujours fort bien la révérence ; et les deux amants se revirent comme s'ils s'étaient quittés la veille... Oh! le bon temps que ce temps-là !..

LE DESSOUS DE LA TABLE.

Dans un de ces grands dîners où la gaîté n'est point chassée par l'étiquette, où des gens d'esprit savent soutenir la conversation, où des femmes aimables et jolies donnent du charme, de la vie à la société, enfin où la maîtresse de la maison a eu le talent de placer ses convives de manière que chacun pût trouver à qui parler; souvent, je l'avoue, j'ai eu le désir de savoir ce qui se passait sous la table, où la conversation est quelquefois très-intéressante et très-animée.

Pendant qu'un monsieur un peu diffus s'entortille dans une histoire dont on désespère d'entrevoir la fin, et qui n'offre rien d'amusant pour les auditeurs, je remarque une petite dame en chapeau rose, qui paraît émue, attendrie, attentive; elle ne souffle point, elle est immobile, mais une douce langueur se peint dans ses yeux... Il n'est pas possible que ce soit l'histoire que raconte ce monsieur qui occupe aussi fort cette dame.

Bon, voici une jeune étourdie qui laisse échapper un éclat de rire pendant que l'on s'entretient d'un malheur récent. Cette jeune femme n'a pourtant point un mauvais cœur: cette envie de rire est venue par-dessous la table.

Et cette grande demoiselle, qui devient rouge comme une cerise, pendant que ce jeune homme, placé à côté d'elle, lui présente d'un air fort réservé une assiette garnie de macarons. Ah! mademoiselle, ce ne sont pas les macarons qui vous donnent de si belles couleurs.

Et cette jeune dame qui laisse involontairement échapper un petit cri.

— Qu'as-tu donc, ma bonne? demande le mari placé à l'autre bout de la table.

— Ah! ce n'est rien, répond la dame en jetant un regard sur un monsieur assis auprès d'elle; c'est une douleur de dents qui vient de me prendre... Cela commence à se passer.

Mais le dessert est arrivé; le champagne pétille, la mousse s'élève, les verres se vident, les têtes s'échauffent, les yeux s'animent, tout le monde parle à la fois: c'est l'instant où l'on peut, sans craindre d'être entendu, adresser bien des choses à sa voisine; c'est aussi le moment où le dessous de la table doit être fort intéressant.

Comme je suis un peu curieux, et que d'ailleurs j'aime à m'instruire, je laisse tomber ma tabatière; je me baisse pour la chercher, et en même temps je jette un coup d'œil observateur. Tous les pieds ne sont pas à leur place: celui de la petite dame en chapeau rose se trouve sous la botte d'un jeune officier de hussards; le genou de ce jeune auteur est bien près de celui de cette grande demoiselle qui rougit et baisse les yeux toutes les fois qu'on lui adresse la parole. La main d'un simple artiste est légèrement pressée par celle d'une marquise sur le retour, tandis que ce riche négociant, tout en jouant avec sa serviette, glisse un billet doux sur les genoux de sa voisine, qui ne le laissera pas tomber.

Eh! mais, que vois-je là-bas?... Deux pieds énormes l'un sur l'autre; à coup sûr il y a ici quelque méprise. Examinons la position des personnages: ces deux pieds appartiennent, l'un à un gros Anglais, l'autre à un vieux richard, grand amateur du beau sexe. Entre ces deux messieurs est assise une jeune personne de seize ans, bien jolie, bien fraîche, mais bien gauche et bien sotte. Pendant toute la durée du repas, la pauvre petite a été le but des œillades, des soupirs et des galanteries de ses deux voisins. Elle tient ses yeux baissés et ses pieds serrés sous sa chaise, mais ces messieurs ont avancé chacun une jambe, et le pied du gros Anglais vient s'appuyer sur celui du vieil amateur. Chacun de ces messieurs est enchanté, parce qu'il croit obtenir une douce faveur, et plus l'Anglais appuie, plus le vieux séducteur est content, et plus les soupirs, les œillades vont leur train.

Mais il faut pourtant que je me relève, j'ai mis assez de temps à chercher ma tabatière, et je n'ai plus rien à voir; car en me cognant la tête un peu fort contre un pied de la table, j'ai renvoyé tous les pieds à leur place.

LA FORTUNE DU POT.

— Venez donc manger ma soupe, me disait souvent un monsieur que je connais à peine, et avec lequel je ne désire pas me lier davantage. Vous verrez ma famille, ma femme, mes enfants; vous serez reçu sans façon, sans cérémonie; vous mangerez la fortune du pot, mais vous nous ferez le plus grand plaisir. Ce n'est qu'à un ami intime que l'on doit se permettre d'offrir la fortune du pot; mais les amis sont si rares, et les bons dîners si communs, que cette fortune-là serait bien agréable à partager si l'on était sûr de n'être entouré que de bonnes gens, de vrais amis, vous recevant pour le seul plaisir de vous posséder, et non pour quelque motif d'intérêt, comme il s'en glisse toujours dans ces invitations.

Près d'un camarade de collège, que les changements de fortune n'ont point rendu notre ennemi, ou qui n'est point envieux de notre bonheur; à côté d'une jeune mère de famille, aimable sans prétention, belle sans coquetterie, le dîner le plus simple serait véritablement une bonne fortune.

J'avais toujours éludé les invitations de cet ami que je ne connais pas, lorsque hier il me rencontra vers cinq heures du soir. Il court à moi, me saisit par le bras, m'arrête : — Où allez-vous? s'écrie-t-il.

— Dîner, lui dis-je sans penser à rien. — Dîner?... Oh! cette fois je vous tiens bien, et vous viendrez chez moi.

Je veux en vain prétexter une invitation; mon homme ne me lâche pas. Une plus longue résistance eût été ridicule. Je cède, et je prends mon parti en me disant tout bas: — Je serai peut-être surpris agréablement; ce monsieur n'est peut-être qu'un bavard, mais sa femme peut être aimable, ses enfants bien élevés et sa cuisine bonne.

Nous arrivons chez mon amphitryon. Nous montons à un troisième étage. Avant d'être devant la porte, j'entends les cris de plusieurs enfants qui semblent se battre et pleurer. — Oh! oh! dit mon compagnon, mes petits gaillards ont faim; ils m'attendent avec impatience. Je me dis en moi-même : — Si les petits gaillards font ce train-là pendant tout le dîner, ce sera bien gentil!

Nous sonnons; une grande femme sèche et jaune vient ouvrir la porte, et fait un mouvement de surprise en me voyant.

— Ma chère amie, dit mon introducteur, je t'amène M. ***, dont je t'ai souvent parlé; il veut bien dîner avec nous sans façon.

La figure déjà fort longue de la grande dame s'allonge encore au discours de son mari, et elle me fait un salut que je puis prendre pour une grimace. Il n'y a rien de plus désagréable que de voir que l'on gêne des gens chez lesquels on va malgré soi. Je voudrais être à cent lieues; mais mon ami, que je ne connais pas, me pousse dans une autre pièce pour que j'admire la commodité de son logement, et que je n'entende pas murmurer sa femme.

J'entre avec beaucoup de peine dans une pièce où les deux petits gaillards ont tout mis sens dessus dessous. Le parquet est couvert de jouets, de papiers, d'images, de petits ménages; il n'y a pas une chaise de libre. — Quel bonheur d'être père de famille! me dit mon homme en tâchant de me trouver un siège. — Oui, dis-je, ce doit être charmant, d'après ce que je vois. — Holà, Alcide... Achille... venez ici, messieurs. — Qu'est-ce que c'est, papa? — Venez, vous dis-je.

Les petits garçons ne venaient pas. Le papa va les prendre par l'oreille en disant : — Ils sont très-obéissants... Eh bien, Alcide, as-tu bien appris ta leçon? Voyons ta table.

Le petit bonhomme marmotte en pleurant :

— La fourmi, ayant chanté tout l'été, tenait dans son bec un fromage... — C'est très-bien, dit le papa... A ton tour, Achille. Oh! c'est un espiègle, celui-là... Voyons, mon gaillard, quelle est la première merveille du monde? — C'est un pâté, répond le petit d'un air décidé. — Eh bien! vous ne vous attendiez pas à cette réponse-là... Oh! le petit drôle a de l'esprit comme un démon!... Je le mettrai à l'administration des postes.

Enfin la grande dame nous crie que le dîner est servi. — Allons nous mettre à table, dit mon hôte; et il me fait asseoir entre lui et M. Alcide, parce que madame est obligée de se lever à chaque instant pour le service, sa bonne étant justement malade : nous savons ce que cela veut dire. — Si mon mari m'avait prévenue, dit la dame d'un air demi-agréable, j'aurais fait quelque chose pour monsieur, mais il me joue sans cesse de ces tours-là ! — Madame, dis-je, j'aurais été bien fâché de vous causer du dérangement. — Sans doute! mon ami vient sans façon... La fortune du pot et le tableau du bonheur voilà tout ce qu'il aura.

Le tableau du bonheur se composait d'un maigre potage au maigre flanqué de radis et de beurre de Bretagne; et pour ajouter à ma satisfaction, M. Alcide jetait à chaque minute des boulettes sur mon assiette, et M. Achille me donnait des coups de pied par-dessous la table.

Buvons, me dit mon hôte, c'est du vin du cru. Hélas! je ne m'en aperçus que trop!... Quel cru, grand Dieu!... Il aurait fait rebrousser chemin aux moutons de Panurge. Après le potage paraît un morceau de bœuf réchauffé, et dans lequel mes yeux cherchaient en vain une apparence de graisse. Il me fallut cependant en accepter un morceau, que j'aurais voulu conserver précieusement pour mettre l'hiver dans mes bottes. Après le bœuf, la dame de la maison nous présente d'un air fier un grand plat où je ne vois que de la sauce. A cette vue, les petits gaillards, qui probablement ne voyaient d'ordinaire que du bouilli, se mettent à sauter et à jeter leurs fourchettes en l'air; l'une me tombe sur le nez, et ma cravate en porte les marques. — Vous allez me dire des nouvelles de cette fricassée de poulet, me dit mon voisin en me servant. Ah! c'est que ma femme fait joliment la cuisine!...

Il m'avait heureusement prévenu que c'était du poulet, car, ne trouvant que des pattes et des ognons, j'aurais été fort embarrassé pour deviner ce que je mangeais. Mais M. Alcide, en voulant voler un petit os à son frère, fait tomber la carafe, qui roule et se brise sur ma culotte. La maman, au lieu de s'occuper de moi, ne songe qu'à la perte de sa carafe. Elle court sur les petits pour les battre; les deux enfants se sauvent derrière une porte, la mère les poursuit avec une canne; le papa se lève pour retenir sa femme; je reste seul à table... J'avais bien envie de me sauver aussi!

Enfin mon ami revient et me dit : — Prenez-vous quelquefois du café?... Il n'y en a pas de prêt, mais j'ai une cafetière pour en faire sans ébullition, et avec de l'eau chaude... Merci, dis-je, je n'en prends jamais; d'ailleurs j'ai beaucoup dîné... et j'ai besoin de prendre l'air... je suis forcé de vous quitter. — Au revoir donc. Maintenant que vous connaissez le chemin, j'espère que vous viendrez quelquefois manger la fortune du pot. — Oui, certes, je connais le chemin, et je ne l'oublierai pas!... non plus que le tableau du bonheur que vous m'avez fait voir.

Je prends mon chapeau et je cours encore.

PENSÉES D'UN GARÇON SUR LE MARIAGE.

Si j'étais marié, je renoncerais à toutes ces extravagances qui marquent chaque jour de la vie d'un garçon; à ces dépenses folles qui n'ont souvent que de tristes résultats; à ces parties de restaurateur qui fatiguent le corps et appesantissent l'esprit; et à ces connaissances qui font rire le soir, mais que l'on n'aime point à rencontrer le matin.

Si j'étais marié, je voudrais aimer ma femme, car je crois que ce doit être un supplice continuel de vivre avec une personne que l'on n'aime point. Je sais bien qu'il y a beaucoup de ménages où les époux se voient à peine une heure par jour; mais il me semble qu'il doit être plus doux de chercher sa femme que de l'éviter.

Si j'étais marié, je voudrais que ma femme ne fût citée ni pour sa figure, ni pour son esprit, ni pour sa toilette, ni pour ses manières, et cependant je voudrais qu'elle eût tout cela bien.

Si j'étais marié, on ne me rencontrerait pas sans cesse seul au spectacle et dans les promenades. Je ne craindrais pas d'être vu avec ma femme à mon bras; je craindrais encore moins le ridicule que les fats et les sots veulent jeter sur les bons maris; les trois quarts de ces gens-là ressemblent au renard de la fable : ils ne peuvent pas atteindre le bonheur, et tâchent de se venger en se moquant des gens heureux.

Si j'étais marié, je voudrais avoir beaucoup d'enfants, car les enfants forment la chaîne qui enlace plus étroitement la femme et le mari.

Si j'étais marié, je pourrais bien avoir une chambre particulière pour y travailler tranquillement, mais je ne voudrais pas que ce fût pour vingt-quatre heures.

Si j'étais marié, je ne courrais plus après toutes les femmes, parce que je ne voudrais aimer que la mienne; mais je tâcherais d'être aimable auprès des autres, afin de les rendre jalouses de son bonheur. Je serais galant avec la beauté; je rechercherais la société d'un sexe que j'aimerai toujours, et ma femme ne s'en fâcherait point, parce que, tout en ne cueillant qu'une fleur, il est permis de respirer le parfum des autres.

Si j'étais marié, je ne serais point jaloux, car la jalousie donne de l'humeur, et l'humeur fait fuir les amours; je ne serais pas non plus trop confiant, car les femmes prennent souvent notre grande confiance pour de l'indifférence, et elles n'ont peut-être pas tout à fait tort.

Si j'étais marié, je voudrais avoir beaucoup d'amitié pour ma femme, car l'amitié survit à l'amour. Je voudrais aussi qu'elle eût des talents, qu'elle aimât la lecture et la musique, car une femme qui aime les arts ne s'ennuie jamais seule, et un mari étant forcé de s'absenter quelquefois, quand une femme s'ennuie, on doit toujours craindre qu'elle ne prête l'oreille aux distractions qu'on lui offrira.

Si j'étais marié, je mènerais plus souvent ma femme au spectacle qu'en société; au bal, je la laisserais danser sans moi, mais je ne voudrais pas qu'elle valsât avec un autre.

Si j'étais marié, je ne voudrais pas que ma femme eût une amie intime avec laquelle elle serait plus souvent qu'avec son mari, et près de laquelle il faudrait que je fusse aux petits soins pour n'être point boudé par mon épouse.

Si j'étais marié, enfin, je choisirais avec soin les personnes que je recevrais chez moi; je congédierais bien vite ces messieurs qui viennent toujours par hasard à l'heure où le mari est sorti. Je ne laisserais jamais aller ma femme avec un autre qu'avec moi; je n'aurais point de ces amis complaisants qui sont toujours prêts à offrir leur bras, et qui ont les portes pleines de billets de spectacle, car je me rappellerais toujours ce que je faisais étant garçon.

LE JOUR MALHEUREUX.

Il est des jours où tout semble nous sourire, où l'esprit sain, la tête légère, nous voyons tout couleur de rose, et cette heureuse disposition influant sur toutes nos actions de la journée, nous ne faisons que ce qui nous plaît, nous ne voyons que des hommes aimables, nous ne rencontrons que des femmes jolies, nous n'entendons point de sottises, nous n'en lisons aucunes, et nous n'en disons pas pendant le cours de la journée; c'est-à-dire qu'une heureuse disposition d'esprit et une excellente digestion nous ont fait tout voir du bon côté.

Mais il est aussi des jours où un secret guignon semble nous poursuivre. Probablement j'étais hier sous cette maligne influence.

En me réveillant, j'avais la tête lourde, j'étais triste sans savoir pourquoi. Je m'en pris d'abord au temps, qui était affreux; mais par des temps plus laids encore, j'ai souvent chanté avec mes amis, et soupiré sous les fenêtres d'une belle : alors je m'inquiétais fort peu de la pluie et du vent.

Je me levai ; impossible de trouver mes pantoufles, elles étaient trop loin sous mon lit. J'appelle Dumont, mon vieux domestique, il ne vient pas; où diable est-il?... A bavarder avec le portier sans doute. Je m'approche d'une glace : ah! mon Dieu! comme j'ai le teint jaune et les yeux battus! Ceci n'annonce rien de bon.

Enfin Dumont arrive, il me donne un journal en me jurant qu'il n'est que huit heures, et que ma montre avance. Voyons les nouvelles pendant qu'on prépare mon déjeuner. — Que diable Dumont m'a-t-il monté là?... les *Petites-Affiches*... ce n'est pas mon journal; vous savez bien que je lis la *Pandore*. — Dame! monsieur, c'est le portier qui se sera trompé, il donnait l'autre à la bonne de cette actrice qui demeure sur votre carré. — Allez vite le chercher.

Dumont part et revient bientôt tout effaré. — Vous n'aurez pas votre journal ce matin, monsieur; il paraît qu'il se permettait de trouver que votre voisine n'avait pas été excellente dans la pièce nouvelle, car, de colère, cette dame l'a déchiré et jeté au feu. — C'est fort agréable pour moi. Vite, mon déjeuner, que je sorte! j'ai un rendez-vous pour affaire pressée.

Au moment où je me mets à table, on sonne à ma porte; c'est un monsieur qui arrive de province, et qui a fort peu connu, mais qui, se trouvant à Paris, s'est figuré me devoir une visite. Ce monsieur est bien l'homme du monde le plus bavard! Il me raconte tout ce qu'il fait dans son endroit; m'apprend qu'il a acheté une maison, une ferme, des lapins, des dindons... Et qu'est-ce que tout cela me fait à moi? J'ai beau lui laisser voir que j'ai affaire, que je suis pressé, il me promène dans son jardin, dans son colombier, dans son étable; il ne me fait pas grâce d'une laitue!... Ce n'est qu'à midi qu'il s'aperçoit qu'il avait affaire à dix heures. Il est parti enfin, et je le consigne à Dumont.

Mon premier rendez-vous est manqué. Je m'habille pour me rendre chez une jolie femme; je sors; je n'ai pas fait dix pas qu'un maudit cabriolet me couvre de boue de la tête aux pieds; je retourne chez moi pour changer... Voilà bien une autre affaire! Dumont est sorti et je n'ai pas la clef; vite un serrurier, il faut absolument qu'on m'ouvre ma porte. Mon portier part; au bout de trois grands quarts d'heure, que je passe sur le carré, il m'amène un ivrogne qui peut à peine se tenir, et qui veut, comme M. de Clainville dans la *Gageure imprévue*, me dire le nom de tous les objets qui composent une serrure.

— Eh! mon cher! je suis persuadé que vous êtes fort expert, mais ouvrez-moi ma porte pour l'amour de Dieu!... c'est la meilleure manière de me prouver votre talent. — Oui... oui, monsieur... Tenez, ceci c'est un crochet qui doit faire tourner le pêne. — Mais faites-le donc tourner, le pêne, au lieu de me laisser là!

Le drôle essaye dix ou douze crochets, il passe une heure après ma serrure, et finit par me dire qu'il faut qu'il aille chercher d'autres outils. Pour le coup je suis perdu! l'ivrogne ne reviendra pas! Mais Dumont rentre au moment où j'allais faire enfoncer la porte. Je me rhabille, je sors avec une clef cette fois. Je prends voiture, je cours chez ma jolie dame... Je la trouve environnée de tantes et de cousines. — J'ai été seule toute la matinée, me dit-elle à l'oreille, je vous attendais.

Cet aveu achève de me désespérer. Je la quitte. On m'attend à dîner chez un riche financier. — Arrivez donc, me dit-il, vous faites des vers; j'ai à dîner un jeune homme de quarante-cinq ans, qui vient d'essayer un petit poème sur les douceurs de la vie champêtre, il assure que c'est tout autrement traité que par Virgile et Delille. Au reste, je vais le placer près de vous, et pendant le dîner il vous en dira quelque passage.

Hélas! il n'est que trop vrai, je suis près du jeune nourrisson des Muses, qui ne me passe point des cornichons ou des anchois sans les accompagner d'un passage de son poème. Si du moins de l'autre côté j'avais un dédommagement! mais non... j'avais une tante du poète, qui, lorsqu'il a fini, me dit à l'oreille : — Quel talent, monsieur! et quel malheur si cet homme-là n'est point écrit!

Enfin le dîner est fini, mais le maudit poète me poursuit comme mon ombre. Il me place à l'écarté pour l'éviter; mon côté est malheureux, je perds quinze louis avec une dame qui fait la grimace, même en gagnant. Je vais partir..., je me sens arrêté par le bras. — Que vous seriez aimable de mettre ma tante chez elle! me dit mon financier; son fils n'a pu venir la chercher, mais ce n'est pas fort loin de chez vous. Allons, il faut se résoudre à emmener la tante. Je l'emballe dans un fiacre, et, pendant tout le chemin, il me faut lui entendre pleurer douze fiches qu'elle a perdues au boston en manquant une indépendance magnifique! Enfin elle est chez elle, et je suis bientôt chez moi. Je me couche en maudissant ma journée, et les contrariétés que j'ai éprouvées me donnent le cauchemar toute la nuit.

LA JOURNÉE AUX DÉMÉNAGEMENTS.

J'avais, il y a deux jours, des affaires à terminer dans différents quartiers de Paris; j'arrange dans ma tête l'ordre et l'emploi de ma journée, qui, je l'espère, me suffira pour faire toutes mes courses; et, après avoir déjeuné, je me mets en route dès neuf heures du matin.

A peine ai-je mis le pied sur mon escalier pour commencer ma tournée, que je suis arrêté par un commissionnaire qui descend une mauvaise commode, laquelle bouche toute la largeur de mon escalier. Il faut donc attendre pour passer que mon homme soit en bas, et il ne va pas vite, parce qu'il est fort chargé. Me voici enfin dans mon allée... Ah! mon Dieu! je suis pris entre deux lits de sangle et des monceaux de chaises! Comment diable passer à travers tout cela? Je me risque cependant, et, mettant un pied sur une chaufferette et l'autre dans une poêle, je parviens à gagner la rue, où je suis encore arrêté par la charrette sur laquelle on charge les meubles, et qui me fait perdre au moins dix minutes.

— Diable! me dis-je en hâtant le pas, regagnons le temps perdu, si je veux faire toutes mes courses. Je me lance; me voici dans la rue des Gravilliers, c'est là que je compte m'arrêter d'abord; mais, en regardant à mes pieds, je ne vois pas deux hommes qui viennent contre moi avec un brancard chargé de meubles, je vais me jeter sur le brancard... Les porteurs m'arrêtent et jurent après moi. J'ai, disent-ils, écorné un superbe cadre doré; on leur ferait payer ce dommage, il faut donc que je le leur paye.

Je veux envoyer promener les porteurs et leur ___, mais tous les gens du peuple m'entourent, et on ne me donne pas raison. Après avoir entendu les gros mots, il faut que je paye! J'aurais dû commencer par là! Je donne une pièce de cent sous, et on me laisse continuer mon chemin; ce que je fais cette fois en regardant avec soin devant moi.

A quelques pas, je me trouve derrière deux femmes qui portent sur leur dos des cruches, des balais, des casseroles et autres ustensiles de ménage. Comme la rue est étroite, et qu'elles marchent à côté l'une de l'autre, donnant chacune la main à une ribambelle d'enfants, je suis forcé, pendant cinq minutes, de marcher au pas derrière ces intéressantes familles; et toutes les fois que j'entrevois un petit jour par lequel je crois pouvoir me glisser, les manches à balai et les queues de poêle viennent m'en boucher le passage.

Enfin les deux familles ont pris une rue sur la gauche, et me voilà libre d'avancer... Pas du tout, on se dispute dans la rue : ce sont deux charrettes à bras qui se sont accrochées, les conducteurs s'accusent réciproquement de maladresse; des injures ils en viennent aux coups... La foule reflue en arrière, je me sens poussé dans une allée par une petite femme qui me crie : — Ah! monsieur, je ne peux pas voir deux hommes se battre, cela me fait trop de mal... Ah! les malheureux! quels coups ils se donnent!... en voilà un par terre... Ah! Dieu! c'est affreux... et on ne les sépare point!... Ah! en voilà un dont le nez est tout écorché... Je vais me trouver mal...

— Eh! morbleu! madame, ne les regardez pas, dis-je à ma curieuse en la poussant de côté afin de passer devant elle. — Que les hommes sont brusques quand ils n'ont pas d'éducation! s'écrie-t-elle en me lançant des regards courroucés. Mais je la laisse, et, me jetant au travers de la foule qui entoure les combattants, je parviens enfin à passer de l'autre côté, et j'atteins la maison où j'ai affaire.

— Ah! parbleu! ce n'est pas sans peine, me dis-je en courant vers l'escalier, car le portier vient de m'assurer que le citoyen auquel je demande est chez elle. Je veux me hâter... Bon... à peine ai-je mis le pied sur la dixième marche, que je suis arrêté par deux hommes qui montent un énorme chiffonnier. Hélas! si du moins ils le descendaient, mais ils vont comme cela au cinquième, et mon ami demeure sur le carré-là; et ils s'arrêtent à chaque marche pour reprendre haleine.

Quant à moi, je consulte ma montre, il y a deux heures que je suis sorti de chez moi, et je n'ai pas encore fait une seule course. Je prends mon parti, je redescends l'escalier et je me décide à rentrer. Décidément je ferai mes affaires une autre fois, il faut renoncer à circuler dans Paris les 8 ou les 15 de chaque terme.

PETIT A PETIT.

Petit à petit l'on vient à bout de tout, suivant un vieil adage. Avec le temps nous voyons en effet arriver bien des événements, mais non pas toujours tels que nous les désirions.

Petit à petit l'enfant grandit, sa raison se forme, les passions arrivent et font place aux jeux du premier âge : bientôt l'ambition, le désir de parvenir chassent les illusions de la jeunesse; puis les soucis, les inquiétudes font place aux plaisirs; puis les cheveux blancs, qui éloignent les amours, mais n'amènent pas toujours la sagesse; puis les infirmités, la vieillesse, qui n'a plus que des souvenirs; puis enfin la mort, qui est toujours en perspective : tout cela n'arrive que petit à petit, mais tout cela s'enchaîne cependant.

C'est petit à petit que l'homme probe et laborieux s'enrichit : il ne risque point des spéculations hasardeuses qui pourraient ruiner ses commettants, mais il arrive à une heureuse aisance, et la fortune acquise petit à petit est toujours plus solide que celle qu'un jeu du hasard a fait naître.

Petit à petit, au contraire, l'homme qui fait des folies voit se dissiper ses richesses; petit à petit le paresseux tombe dans la misère, et petit à petit l'homme qui se ruine voit ses amis le quitter, et fuir ceux qu'il a obligés.

Petit à petit les mauvaises liaisons corrompent le plus heureux naturel, comme l'habitude des excès de table détruit la plus robuste santé. Petit à petit la faiblesse conduit au vice quand on fréquente de mauvaises sociétés. Vous prenez les manières de ceux avec qui vous vous trouvez : après les avoir blâmés, vous les imitez. Si vous voyez un fripon, petit à petit ses sophismes vous séduiront, son exemple vous entraînera, vous rirez de ce qui autrefois vous aurait fait rougir, et vous glisserez dans l'abîme pour vous être laissé aller petit à petit.

C'est souvent petit à petit que l'amour s'empare d'un cœur qui a juré de lui résister. Jeunes filles, un amant adroit emploiera tous les moyens pour vaincre votre indifférence. Tendres regards, doux propos, légers serrements de mains, protestations, assurances de fidélité, il mettra tout en usage pour vous vaincre. Si vous résistez, il changera de tactique, il deviendra triste, mélancolique; il feindra d'étouffer ses soupirs : vous croirez n'y point faire attention, mais petit à petit on vous intéressera, vous deviendrez à votre tour rêveuse, inquiète; vous soupirerez en secret, et votre amant sera alors moins timide. Petit à petit il obtiendra une légère faveur, puis un aveu, puis un baiser, puis votre cœur enfin, qu'il aura tout entier, quoique vous ne l'ayez laissé prendre que petit à petit.

On pare les événements qui se présentent brusquement dans le cours de la vie, on ne voit pas venir les révolutions qui se forment petit à petit; ménageons les plaisirs si nous ne voulons pas que petit à petit ils ruinent notre santé; n'accordons notre amitié que petit à petit, afin d'être moins souvent trompés; et, en amour, donnons la préférence au bonheur que nous aurons obtenu petit à petit.

LES PETITES VOITURES JAUNES.

Ce sont de nouvelles voitures qui ne sont pas établies pour voyager le public, et qui n'ont d'une voiture que les roues. Elles sont tout à plus à quatre pouces du sol, de forme octogone, fraîchement peintes en jaune, avec de petites persiennes vertes, le tout recouvert d'un vernis brillant. Elles stationnent la plupart devant les théâtres, et leur conducteur est modestement assis entre les brancards.

Ces nouvelles voitures choquèrent d'abord la susceptibilité des Parisiens, et surtout des Parisiennes; on les trouvait ridicules, indécentes même; et cependant c'est dans le but de réformer une coutume fort inconvenante, et qui accuse le relâchement de nos mœurs, que les vespasiennes furent d'abord établies. L'entrepreneur ne s'était proposé que pour faire le *petit service*; il pensait que, grâce à ces voitures, les dames ne seraient plus exposées, sur les boulevards ou dans la rue, à détourner leurs regards pour ne point rencontrer des objets qu'ils leur font peine.

Mais, hélas!... il paraît que nous ne sommes pas encore assez vertueux pour de telles réformes! Malgré les vespasiennes, le *petit service* se faisait dehors comme de coutume; et l'entrepreneur en eût été pour ses frais de voiture, s'il ne se fût décidé à tenir aussi le *grand service*. Oh! alors les choses changèrent; l'affaire devint bonne, les actions montèrent, et l'humble conducteur ne resta plus oisif devant ses brancards.

Comment ose-t-on entrer là dedans? c'est la question que nous avons entendu répéter toutes les fois qu'il s'agissait des petites voitures jaunes. Comment on ose?... Eh! rappelez-vous donc certain proverbe qui aurait dû être gravé sur ces voitures. D'ailleurs il y a des moments dans la vie où l'homme est forcé d'être philosophe!...

Dans toute la nouveauté de cette entreprise, un homme de lettres de notre connaissance, garçon fort distrait de son naturel, s'arrêta un jour devant une vespasienne, qu'il prenait pour un bureau d'écrivain public. Il se trouvait dans un quartier éloigné du sien, pressé de prendre quelques notes, et n'apercevant pas de café, il s'adressa au conducteur, qui était assis près de sa voiture, et lui dit :
— Peut-on entrer dans votre cabinet?

Cet homme le regarde quelques instants, puis lui répond :
— Oui, monsieur, certainement que vous pouvez entrer. C'est fait pour ça. — Y a-t-il du papier?.. tout ce qu'il faut? — Oui, monsieur, oh! ça ne manque jamais chez nous!... — Cela vous est égal que je ne me serve pas de vous, n'est-ce pas?.. Mais seul j'aurai plus tôt fini.

Cet homme le regarde encore d'un air étonné, en lui disant :
— Monsieur, nous n'avons pas l'habitude de suivre les personnes!... nous ne craignons pas d'être volés!...

L'homme de lettres n'en écoute pas davantage, il ouvre une

porte... Mais il s'aperçoit alors de sa méprise, et, repoussant la porte de manière à en briser les persiennes, il se sauve

honteux et confus,
Jurant, mais un peu tard, qu'on ne l'y prendrait plus.

Un soir, quatre jeunes gens se promenaient sur le boulevard devant une vespasienne; aux éclats de rire qui leur échappaient, aux regards furtifs qu'ils jetaient incessamment sur la petite voiture, il était facile de deviner que ces messieurs projetaient quelque espièglerie. L'événement ne tarda pas à prouver que telle était en effet leur intention.

Un gros homme, d'un âge mûr, s'avançait sur le boulevard; il entre dans un des cabinets ambulants : aussitôt deux des jeunes gens vont près du conducteur, ils lui demandent leur chemin, l'occupent et l'éloignent de sa voiture; pendant ce temps, les deux autres

Elle a pour amant un monsieur très-bien : il a un manteau.

courent aux brancards, et se mettent à rouler la vespasienne de toute la vitesse de leurs jambes. Le gros monsieur qui était dans l'intérieur frappait contre la porte en criant à tue-tête :
— Qu'est-ce que vous faites donc?... arrêtez, conducteur!... je ne veux pas rouler... c'est très-incommode!...

Mais les jeunes gens n'écoutaient rien; ils ne s'arrêtèrent qu'après avoir fait faire tout un boulevard à la pratique, qui sortit du cabinet d'un air furibond, et ne trouva plus personne sur qui passer sa colère.

Il s'agissait encore de résoudre un problème, de savoir si une dame oserait entrer dans une de ces petites voitures. Nous avions tant de fois entendu affirmer le contraire par des dames que la seule vue de ces voitures révoltait, que nous commencions à croire aussi que l'entrepreneur de cet établissement avait eu raison de ne point faire écrire sur ses voitures côté des dames, côté des hommes.

Mais un soir, en passant sur le boulevard Saint-Denis, nous aperçûmes à quelques pas devant nous un monsieur et une dame qui venaient de s'arrêter; le couple semblait indécis; on faisait quelques pas, puis on s'arrêtait de nouveau en regardant à droite et à gauche : l'on était devant une petite voiture jaune, et l'on jetait fréquemment les yeux de ce côté. La dame paraissait souffrante, son mari... (car nous supposâmes que ce ne pouvait être que son mari), son mari la poussait vers la voiture en lui disant :
— De quoi diable as-tu peur?... Ce n'est pas un crime, après tout!

Enfin la pauvre dame rassemble son courage, elle court, elle vole, et se jetant dans un des côtés de la vespasienne, au risque d'en briser les volets, elle disparaît comme nos lutins de théâtre quand ils se jettent dans une trappe anglaise.

Elle est entrée, c'est fort bien; ce n'est pas là le plus difficile. Quand il s'agit d'entrer, on a quelque chose qui vous stimule; mais sortir... c'est beaucoup plus embarrassant. Ayant assisté à l'entrée, nous étions curieux de voir la sortie. Cinq minutes se passent, puis cinq autres, puis cinq autres encore. Le pauvre mari se promenait sur le boulevard; il avait regardé toutes les annonces d'un cabinet littéraire, examiné toutes les tasses d'un magasin de porcelaines, et

commençait à perdre patience; il s'approchait de la petite voiture, il tournait, il chantait entre ses dents : *Viens, gentille dame... je t'attends, je t'attends, je t'attends!... viens, je t'attends!...* Et la dame Blanche s'obstinait à ne pas sortir de la vespasienne... La pauvre dame! elle n'osait plus se montrer; elle attendait sans doute qu'il ne passât plus personne sur le boulevard, et il passait toujours du monde.

Enfin, au moment où le mari, inquiet, allait forcer le cabinet, la petite porte s'ouvre, la dame s'élance de nouveau sans voir son mari, sans remarquer qu'elle accroche et déchire son châle; elle se jette sur une marchande d'oranges ambulante, dont l'éventaire lui barrait le chemin; elle fait rouler les oranges à terre; elle coudoie et repousse toutes les personnes qu'elle rencontre, et se met à courir vers la porte Saint-Martin sans écouter son mari, qui lui crie : Mais attends-moi donc, ma chère amie; mais cela n'a pas le sens commun de se sauver comme cela parce qu'on sort d'une voiture!...

Le mari avait raison. Dans le monde on commet bien des fautes dont on ne rougit pas, quelquefois même on tire vanité de ses vices et de ses faiblesses; mais on craindra d'entrer dans une vespasienne, parce qu'en France le ridicule est ce que l'on redoute le plus. Nous avions cru au succès de ces voitures, établies dans un but moral et philanthropique; mais depuis longtemps les petits cabinets ambulants ont cessé de se montrer; en revanche, les rues basses, les arbres des boulevards, les bornes et les colonnes-affiches sont toujours assiégés par des hommes qui ne craignent pas de se montrer; et nous préférerions voir les petites voitures jaunes.

LE MARI MAITRE CHEZ LUI.

« Mon ami Dupont, qui est bien le meilleur des hommes, ne cesse de répéter (quand il n'est pas devant sa femme) : « Je suis le maître

Ces messieurs font des affaires à la Bourse.

chez moi, rien ne s'y fait que par mon ordre; quand j'ai décidé quelque chose, il faut que cela soit. J'ai de la tête, de la fermeté; madame Dupont ne me mène point, elle fait toutes mes volontés et ne me contrarie en rien. »

En général, j'ai remarqué qu'il faut se méfier de la fermeté de ces gens qui crient bien haut qu'ils ont du caractère; ils ressemblent à ces faux braves qui font blanc de leur épée, à ces poltrons qui chantent quand ils ont peur, à ces fats qui se vantent de mille bonnes fortunes, et qu'on ne rencontre qu'avec des minois refrognés; l'homme vraiment maître chez lui le prouve par sa conduite et non par ses discours.

Mon pauvre Dupont, toute votre fermeté ne tient point contre un regard de madame votre épouse; devant elle, vous êtes comme l'écolier devant son précepteur, comme le solliciteur devant l'homme en place; mais on vous pardonnerait votre pusillanimité si, une fois hors de sa vue, vous ne recommenciez à crier en levant le nez au vent : — Je suis le maître chez moi.

Dupont reçoit un jour une invitation pour aller à la noce d'un de ses amis, mais on n'avait point invité madame, et elle dit fort sèchement à son époux : — Vous n'irez pas à la noce. — J'irai, madame, répond Dupont; c'est un de mes amis d'enfance; il ne vous connaît pas, il a bien pu ne point vous inviter; mais cela lui ferait beaucoup de peine si je lui manquais.

Dupont m'engage à venir le prendre à cinq heures précises, pour nous rendre ensuite chez le restaurateur où se fait la noce. Je me doutais que ma course serait inutile; cependant j'arrive chez lui à l'heure indiquée, et Dupont, qui devait être prêt, me reçoit en pantoufles et en robe de chambre.

Les plaisirs de la pêche.

— Comment ! lui dis-je, tu n'es pas habillé ? — Mon ami, me répond-il en furetant dans tous les coins, ma femme est sortie, et, par mégarde, elle aura emporté la clef de ma chambre, en sorte que je ne puis m'habiller qu'elle ne soit rentrée... Attends un peu, je suis certain qu'elle va revenir sur-le-champ; elle sait que je ne suis pas habillé.

Je m'éloignai malgré les instances de Dupont, dont l'épouse ne rentra qu'à onze heures du soir, laissant son mari passer sa soirée à se promener en pantoufles et en robe de chambre pendant qu'on l'attendait à la noce.

Dupont avait le désir d'acheter une maison de campagne. Il vient me chercher, et me mène voir une jolie propriété qu'il brûle d'envie d'acquérir. Nous admirons la maison, qui est fort agréable. — Ta femme la connaît-elle ? dis-je à Dupont.

— Non, mais c'est égal ! elle lui plaira puisqu'elle est de mon goût... D'ailleurs, ne suis-je pas le maître ?

Et le cher homme continue d'examiner la maison en disant : J'abattrai ceci... Je ferai bâtir là... Ce sera charmant, délicieux !

Je ris des projets de Dupont, qui m'engage à aller le lendemain dîner chez lui. — Tu vanteras cette maison devant ma femme, me dit-il, cela lui donnera envie de l'avoir; non que j'aie besoin de sa permission, mais cela n'en ira que mieux.

Mais madame Dupont est trop fine pour ne point deviner les projets de son époux. M'inviter à dîner sans avoir consulté sa femme, c'est une petite liberté qu'on ne permettra point à Dupont.

En effet, le lendemain matin je reçois une lettre de madame qui m'apprend que, sa cuisinière étant malade, elle ne peut avoir le plaisir de me donner à dîner.

Depuis ce temps, Dupont n'a jamais reparlé de la jolie maison de campagne, mais il dit toujours : Je suis le maître chez moi.

LES JOUEURS DE DOMINO.

Il est sept heures et demie du soir. Les théâtres sont pleins, le temps est pluvieux, les promenades sont désertes, et je ne sais trop que faire de moi. Je pourrais bien rentrer travailler; mais ma femme n'est point sortie, mes enfants crient, ma bonne chante, mon frère apprend à jouer du violon, et ma belle-mère serine son oiseau; tout cela forme un petit concert qui ne me permettrait point de me livrer au travail. Je ne suis pas habillé pour aller en soirée; le spectacle était ma seule ressource, je m'y suis pris un peu trop tard; ils sont d'ailleurs commencés maintenant, et je suis comme les enfants, j'aime à tout voir, et pour mon argent je ne veux pas manquer une scène.

Il faut cependant faire quelque chose. Mais les cafés ne manquent pas à Paris, et il est difficile de faire cent pas sans en rencontrer un. Cependant, je m'arrête rarement dans un café, et malgré tout l'éclat dont ils brillent maintenant, lorsque j'ai pris ma demi-tasse, les Mille-Colonnes ou le café Turc n'ont plus de charme pour moi.

Poussé par le désœuvrement, je décide à entrer dans un café, et je veux tâcher d'y passer une partie de ma soirée. Je m'empare d'abord de quelques journaux; puis, je fais la revue des personnes qui m'entourent.

A une table près de moi, un vieux monsieur, qui ne prend rien, a entassé plusieurs journaux sur lesquels une de ses mains est appuyée, tandis que de l'autre il tient celui qu'il lit, ce qui ne l'empêche point de jeter fréquemment les yeux sur moi, et de s'emparer vivement du journal que je viens de quitter, et qu'il met avec ceux qu'il tient déjà en réserve, en me disant avec un gracieux sourire : — Après vous les autres, s'il vous plaît.

Je conçois que ce monsieur s'est trouvé de l'occupation pour jusqu'à onze heures au moins. Un peu plus loin, un jeune couple est assis dans l'embrasure d'une fenêtre. Je gage que ce sont des amants qui ne peuvent se voir que rarement. Ils ont choisi la place la plus écartée; ils se parlent tout bas, et de bien près; ils ne voient point les personnes qui les entourent. Un demi-bol brûle devant eux, mais ils n'y ont point encore touché. Il paraît qu'ils causent d'affaires bien importantes; il paraît aussi qu'ils ne peuvent point en causer ailleurs !... Pauvres amants !

— Jeune homme, donnez-nous de ça là-bas.
— De l'omelette soufflée ?
— Oui. Deux parts à chacun.

Que font là-bas ces deux messieurs penchés sur une table garnie de plusieurs bouteilles ? Ils jouent aux dames. L'un est fort jeune encore; il se frotte le front, et paraît bien embarrassé pour jouer son coup; tandis que son adversaire, vie... Ici dans les cafés, se contente de laisser échapper un sourire malin, puis promène d'un air indifférent ses regards autour de lui. Il est facile de deviner lequel de ces messieurs gagnera.

Mais c'est à l'autre bout de la salle que tout le monde se porte pour entourer une table devant laquelle sont assis quatre messieurs qui jouent au domino.

J'avoue mon ignorance. J'avais cru jusqu'ici que le domino était un jeu fort simple, et qui exigeait peu d'attention; je me suis trompé, et j'en demande humblement pardon aux professeurs de domino. En entendant les cris, les exclamations, les discussions qui s'élèvent à chaque instant, je ne puis plus douter que ce jeu n'ait, comme le whisk, des entrées, des demandes, des réponses, et mille autres finesses.

Je veux tâcher de faire un petit cours pour mon instruction. Je me place à côté d'un vieux monsieur, qui, le menton appuyé sur la pomme de sa canne, suit tous les coups, comme s'il s'agissait du payement de son trimestre, tandis qu'en face un grand jeune homme à l'air hébété répète à chaque minute : — Je n'aurais pas joué comme cela.

J'aperçois enfin les joueurs. Un gros papa remuait les dés avec une dextérité toute particulière en disant à son partner : — Hein !... as-tu senti le coup ?... Comme je t'ai joué cela !... Comme j'ai filé tous mes six ! — Oui, répond un petit vieillard maigre à l'œil vif, à la voix haute, c'est extrêmement malin : vous avez posé vos six parce que monsieur vous les a ouverts. — Est-ce ma faute ? s'écrie le joueur désigné ; je n'avais pas autre chose à jouer, et d'ailleurs, il fallait répondre à mon invite, et entrer dans mes as. — J'y suis entré... — Vous n'y êtes pas entré. — Je m'en rapporte à la galerie.

— Je crois, dit mon vieux voisin après s'être mouché et avoir pris du tabac, je crois que vous y êtes entré trop tard ; ils étaient déjà fermés.

— Allons, messieurs, nous avons la première manche, dit le gros papa ; il s'agit d'enlever celle-ci. Attention, toi, là-bas, ne t'amuse pas à regarder dans ton verre quand je te demanderai un dé.

La partie s'engage de nouveau. Les dés se posent avec une vivacité qui me surprend, et me prouve que les grands joueurs ont le coup d'œil prompt. La victoire est remportée par ceux qui avaient déjà l'avantage. Le gros papa pousse un cri de triomphe ; les vaincus se lèvent de mauvaise humeur, et s'éloignent en se disputant et se rejetant de l'un à l'autre les fautes qui ont amené la perte de leur partie.

Toute la galerie se disperse en donnant son avis sur la force des joueurs, et moi je sors du café, où le domino ne m'a pas extrêmement amusé. Mais enfin, comme dit Perrin Dandin :

... Cela fait toujours passer une heure ou deux.

UN SALON DE RESTAURATEUR.

Il est peu d'endroits qui présentent un champ plus vaste à l'observateur que le salon d'un fameux restaurateur de Paris. Là se réunissent des gens de divers pays, de différentes professions, que Comus attire de quatre à six heures dans un de ses temples. Pourvu que votre bourse soit bien garnie, vous pouvez, simple campagnard, modeste commerçant, partager la cuisine d'un gros capitaliste, d'un brillant agioteur, ou d'un auteur à la mode. Le cri de l'estomac rapproche les hommes, et fait disparaître les distances. Il faut dîner, c'est une nécessité pour les grands comme pour les petits. Dame Nature, dans sa sagesse, a donné les mêmes besoins aux pauvres et aux riches, aux nobles et aux roturiers ; ce sont les hommes qui ont ensuite créé les rangs, les prérogatives, les distances, mais jusqu'à présent ils n'ont pu rien changer aux fonctions de l'estomac, ni faire digérer un chef de division autrement qu'un modeste expéditionnaire.

Quand je vais seul chez un traiteur, je m'établis dans un salon, et, là, tout en compulsant la carte, je m'amuse à examiner les personnes qui m'entourent. Je forme mes conjectures d'après leur manière de se conduire à table, souvent même d'après leurs goûts. Je rassemble mes observations, et il est rare que l'un de mes voisins ait fini de dîner avant que je puisse dire quelle est sa fortune ou sa profession. Certes, comme dit le bailli du Rossignol :

C'est un plaisir bien innocent !

Hier, j'ai pu me procurer ce plaisir-là. À cinq heures, je me rendis dans le salon d'un de nos premiers restaurateurs : il y avait foule ; je parvins cependant à trouver une table libre, grâce à un garçon qui me protège : il fait bon avoir des amis partout.

Après m'être occupé de ma carte, je jetai les yeux autour de moi. À ma droite étaient assis deux jeunes gens ; à ma gauche, un monsieur et une dame ; en face, un homme d'un certain âge avec un grand jeune homme, ayant tous deux une mise et des manières de province ; un peu plus loin, on gros monsieur fort rubicond, et à ses côtés un grave personnage décoré. Je bornai à ce petit cercle le cours de mes observations.

Mes jeunes voisins de droite faisaient beaucoup de bruit, parlaient très-haut, gesticulaient, tourmentaient le garçon, et paraissaient de fort joyeuse humeur ; ils prirent d'abord des huîtres ; puis du madère. Ils ne consultaient la carte que pour chercher les meilleurs mets, sans jamais regarder la colonne des prix. Je présumai d'abord que c'étaient deux auteurs qui avaient réussi la veille, ou comptaient réussir le soir ; mais bientôt quelques phrases que je saisis me firent changer d'opinion.

— J'étais certain de revendre à bénéfice... Du turbot, garçon ! —

Tu es en veine depuis quelques jours...; À l'huile, garçon ! — J'avais parié pour la hausse ; je ne me trompe jamais... Changeons de vin. — Et cet autre avec qui j'ai gagné sur-le-champ sept cent vingt francs pour la différence, il n'est pas maladroit... Il faut se permettre le chambertin. — Ce jeune héritier veut mille écus fin courant... Charlotte de pommes aux confitures ! — J'ai une opération superbe en vue... Des pots de crème... Il me faut de l'audace... Au chocolat, garçon !

J'en sais assez : ces messieurs font des affaires à la Bourse ; ils ont bien raison de ne rien se refuser aujourd'hui, qui sait si demain ils auront encore de quoi dîner ? Examinons à ma gauche.

Le monsieur est aux petits soins, la dame fait la précieuse, joue les grands airs ; elle lui répond à peine, elle ne daigne pas dire son goût : il la consulte sur chaque mets, elle répond dédaigneusement :
— Que m'importe ?... je n'ai pas faim !

Elle trouve tout détestable, mal servi, mal accommodé ; cependant elle mange comme quatre.

Pauvre jeune homme ! je ne vous ferai pas compliment de votre conquête. Quoique votre dame joue la princesse, malgré son air sévère et ce ton de pruderie qui contraste avec les œillades qu'elle jette sur ses voisins, je crains bien que vous ne soyez tombé sous les filets d'une aventurière, qui, s'apercevant qu'elle a affaire à un novice, veut lui faire payer cher ses moindres faveurs. On n'a pas voulu accepter un dîner dans un cabinet particulier ; on joue la vertu; mais cela n'abuserait point un homme qui connaît le monde. Chaque mot de cette femme trahit son origine et ses sociétés habituelles. Ses manières laissent percer la contrainte qu'elle s'impose pour se donner la tenue d'une femme comme il faut. Écoutons un moment leur conversation :

— Voulez-vous commander quelque chose, ma chère amie ? — Mon Dieu ! non... Que m'importe ?.. je n'ai aucun appétit... — Trouvez ceci ceci bon ? — Ah ! il est doux. !... c'est détestable !... c'est une horreur !... Comment ose-t-on servir des choses pareilles ?.. Cela n'est pas frais. — Garçon, madame dit que votre poisson n'est pas frais... — Cependant, monsieur, personne ne s'en plaint. — (La dame.) Ah ! ils ont un fameux goût, ceux qui le trouvent bon !... Demandez une petite caille en caisse... je crois que j'en mangerai. — Garçon ! des cailles en caisse. — Ah ! mais aussi un petit perdreau... j'en goûterai... — Garçon, un perdreau !... — Il me semble que je boirai bien un doigt de champagne... Mon Dieu ! qu'on dîne mal chez les restaurateurs !...

Pauvre jeune homme ! pour peu que tu aies de la fortune ; voilà une femme qui te mènera grand train.

— À moi, garçon !... servez tout de suite, je demande depuis une heure rostbeef, beefsteck, plum-pudding, bordeaux... — Dans l'instant, monsieur. — Goddem ! j'étais pressé pour dîner tout de suite. — Pommes de terre à l'eau, madère sec.

Pendant que ce gros monsieur, qu'à son langage et à ses goûts j'ai reconnu pour un de nos voisins d'outre-mer, se jette sur le bœuf saignant, j'examine le monsieur au maintien grave assis non loin de lui. Celui-ci agit méthodiquement ; il paraît réfléchir sur la qualité et la vertu de chaque mets ; il pèse longtemps toutes les raisons pour ou contre avant de se décider à commander. Je serais bien étonné si cet homme-là n'avait point été dans la diplomatie. Je suis certain qu'il voit de grandes conséquences à tirer d'un plat servi avant un autre ; qu'il met de la politique dans une coquille de volaille, et de la dissimulation dans un soufflé au riz. Comme il calcule l'ordre et la marche de son dîner !... Quelle tenue noble, quelle mine fière en découpant ou en se versant à boire ! Je ne sais pas s'il s'amuse ou s'il a de l'appétit, mais il met des formes à tout, et il est impossible de tenir sa fourchette et son couteau d'une manière plus distinguée.

Tournons maintenant nos regards vers ces deux personnages assis à la table à côté ; je gage que c'est le père et le fils, ou l'oncle et le neveu ; ils y a entre eux un air de famille. À coup sûr ces gens-là ne sont pas de Paris ; quand leur mise ne me l'indiquerait pas, leur conduite dans ce salon suffirait pour m'en convaincre. Ces bonnes gens sont assis à une lieue de la table, ils n'osent ni se retourner, ni lever la tête, ni se moucher, ni se remuer ; c'est tout au plus s'ils oseront manger. Voilà une heure qu'ils tiennent la carte et se la repassent l'un à l'autre sans rien demander.

Enfin ils se sont arrêtés à quelque chose ; mais ils ne savent comment se faire servir. Le plus âgé appelle à demi-voix : — Monsieur, dites donc, monsieur le maître... Monsieur le bourgeois...

Le garçon ne répond pas à tout cela. Le plus jeune parvient à le saisir par sa serviette au moment où il passe : — Du potage au vermicelle, s'il vous plaît, monsieur... — Pour deux ? — Sans doute, est-ce que nous ne sommes pas deux ?... Tiens, est-ce qu'il croit qu'il y en a un qui va regarder l'autre manger ?...

Après le potage, ils mettent autant de temps à se consulter pour savoir ce qu'ils prendront, et c'est ensuite la même cérémonie pour avoir le garçon. J'ai vraiment pitié de ces deux campagnards, qui, si cela continue, n'auront pas terminé leur dîner avant dix heures du soir. Mais on m'apporte mon omelette soufflée, et ce mets a frappé d'admiration les deux provinciaux ; ils suivent de l'œil le garçon, et cette fois ne le laissent point échapper.

— Donnez-nous de ça, dit le plus jeune en désignant ce qui est devant moi. — De l'omelette soufflée? — Oui, de ça qui est là-bas... avec du sucre dessus. — Pour combien? — Deux parts à chacun.

Les malheureux, qu'en feront-ils? J'ai envie de les avertir que c'est beaucoup trop. Mais le garçon est déjà loin. Ma foi qu'ils s'en tirent comme ils pourront. Mes jeunes voisins de droite sont allés aux Bouffes; le monsieur et la dame partent pour l'Opéra; l'homme réfléchi va prendre son café; l'Anglais va prendre du punch; moi, je vais prendre l'air, et je quitte le salon au moment où l'on place devant les deux campagnards un plat d'omelette soufflée qui suffirait pour douze personnes.

L'HEUREUSE CRÉDULITÉ.

Est-ce un bonheur de croire à la sincérité de ses amis, à la constance de sa maîtresse, à la bonne foi des marchands, à la fidélité de ses serviteurs? Est-on plus heureux en se défiant de tout le monde, en suspectant ceux dont on est entouré, en redoutant sans cesse la trahison et la perfidie? Quel est celui qui ne pense pas, comme moi, qu'il vaut mieux être confiant que méfiant, au risque d'être trompé quelquefois, souvent même? car plus on cherche à connaître la vérité, à lire dans le cœur des hommes, plus on perd d'illusions, de chimères : les illusions rendent heureux, l'expérience rend soupçonneux; soyons donc crédules, nous avons tout à gagner.

Quant à moi, je suis, je l'avoue, l'homme le plus crédule de Paris; que ce soit par système ou par goût, je crois à tout, et je m'en trouve très-bien.

Pour moi l'avenir est toujours couleur de rose. Je suis parvenu ainsi à ma cinquantième année, et je crois fermement que je vivrai encore autant.

Ma crédulité m'a cependant joué quelques mauvais tours. Fils de parents riches, je fus orphelin à dix-huit ans. On me donna un tuteur, c'était un ancien procureur bas-normand. Il me disait sans cesse qu'il ne voulait que mon bien, qu'il ne s'occupait que de mes intérêts, et moi je ne doutais pas de sa bonne foi. Il m'avait engagé dans une douzaine de procès, suscités par je ne sais qui. Je les gagnai tous; mais chaque fois que cela m'arrivait, je me trouvais moins riche de quinze à vingt mille francs; si bien qu'après en avoir gagné une douzaine, je me vis réduit à cent louis de rente, sur six fois autant que mes parents m'avaient laissé; mais mon tuteur m'assura que j'avais ruiné mes adversaires : je le crus, et me trouvai encore très-heureux d'avoir conservé quelque chose.

Je me lançai dans le monde; j'y fis des connaissances, des amis... L'amitié se donne si vite entre jeunes gens, et tous ceux qui m'entouraient m'en témoignaient une si tendre! Ils m'empruntaient de l'argent, puisaient dans ma bourse comme dans celle d'un frère !... Que je me sentais heureux d'être entouré d'amis aussi dévoués! car ils me répétaient sans cesse : — Tu nous obliges aujourd'hui, nous t'obligerons demain. A la vérité, je vis bientôt la fin de mes cent louis de rente, et quand je voulus puiser dans leurs bourses, je n'y trouvai rien; mais ils me montrèrent tant de regret de ne pouvoir m'obliger, que j'en fus touché jusqu'aux larmes.

Ayant obtenu une place par l'entremise d'une femme aimable, qui me jura que je ne devais qu'à mes talents, je ne tardai pas à me marier. Quelle femme j'eus en partage! Elle avait toutes les qualités, à ce que me dit sa mère en me la donnant, et certes je n'eus garde d'en douter.

Ma femme voulut d'abord avoir la bourse, mais c'était par esprit d'ordre. Elle ne me permettait point de dépenser un sou sans sa permission, mais c'était par économie; elle dépensait beaucoup pour sa toilette, mais c'était pour me plaire; elle allait au bal sans moi, mais c'était pour ma santé; elle se faisait toujours accompagner par un de ses cousins, mais c'était pour que je fusse sûr qu'elle n'était point seule d'autres; enfin, au bout de six mois et demi de mariage, elle me donna un joli petit garçon, mais c'était l'usage dans sa famille, et cela n'empêcha point qu'elle m'ait jamais qu'au premier enfant.

Que je fus heureux avec cette tendre épouse !... Elle mourut en me laissant sept enfants charmants! Mes filles ne veulent rien faire, mes garçons n'agissent qu'à leur tête; mais je suis bien persuadé qu'ils feront tous leur chemin.

Heureuse crédulité! sois mon partage jusqu'au tombeau; étant enfant, je croyais aux contes de ma nourrice, aux histoires de ma bonne; plus tard, je crus aux serments de mes amis, de ma femme; maintenant, je crois aux protestations de mes fils, à l'air réservé de mes filles, aux rêves de ma gouvernante, et jusqu'aux prodiges que je lis dans quelques journaux... Est-il un homme plus heureux que moi?

LES DEUX CONVOIS.

On a ses jours de bonheur; je range dans ce nombre ceux où je rencontre en mon chemin de jolies femmes, de gracieuses tournures, des pieds mignons et des mains bien faites; de pareils objets me mettent sur-le-champ en belle humeur. Rien ne monte l'imagination comme deux beaux yeux. La vue d'une femme séduisante ne s'efface pas si vite de mon souvenir que je n'en conserve toute la journée des idées couleur de rose.

Mais il y a des jours où l'on parcourt tous les quartiers de Paris sans rencontrer un joli minois; certes, il y a des physionomies laides qui appartiennent à des personnes fort aimables; mais nous sommes de grands enfants, et l'on nous prend d'abord par les yeux. Il y a quelques jours, je n'ai pas vu tout en rose, j'ai été arrêté dans ma route par deux convois.

Le premier était fort beau : riche tenture, larmes en argent, chevaux panachés, cocher à manchettes, à jabots, à pleureuses, beaucoup de voitures noires, puis de voitures bourgeoises; la file était fort longue, et il n'y avait à pied que les gens de la maison du mort et des pauvres portant des torches.

— Ce mort-là, me dis-je, a été considéré pendant sa vie. Il avait une voiture, un nombreux domestique, sans doute un hôtel, peut-être une belle maison de campagne; il était répandu dans la grande société, dont il a dû faire les charmes, surtout s'il donnait à dîner, et s'il avait un bon cuisinier. Tout le monde s'honorait d'être de sa connaissance, il avait une foule d'amis!...

La richesse est une belle chose !... On a beau faire le philosophe !... avec la fortune, même après sa mort, on fait encore figure, et le dernier voyage est environné des honneurs qui ont embelli notre existence.

Après m'être informé du nom du défunt, je poursuivis mon chemin. Un peu plus loin je fus encore arrêté par un convoi; celui-là était plus modeste : un corbillard fort simple, point de pleureuses au cocher, pas une seule voiture de deuil; mais en revanche plus de deux cents personnes à pied qui suivaient le convoi. Je ne vis pas, parmi tout ce monde, des toilettes recherchées, des tournures à la mode; mais je vis des figures qui annonçaient la probité, la bonté, et surtout la douleur.

— Que faisait le défunt? demandai-je à une vieille femme qui avait salué quelqu'un du cortège. — Il était maître maçon, me répondit-elle; brave homme, chéri de ses enfants, de ses ouvriers; on n'a su qu'après sa mort tout le bien qu'il a fait durant sa vie.

— Fort bien, me dis-je en m'éloignant; mais cela n'a point la pompe, la magnificence du premier convoi !... D'ailleurs le riche pouvait aussi être chéri de tous ceux qui le connaissaient... et ces torches... ces voitures, ces larmes d'argent... ah! tout cela était bien beau!

Quelques jours après, il me prit fantaisie d'aller au cimetière du Père Lachaise. En me promenant au milieu des tombeaux, j'aperçus un superbe mausolée, sur lequel je lus le nom du mort. C'était le riche que j'avais rencontré; la magnificence avait encore présidé à la construction de son dernier asile, et au-dessous de son nom je lus un long éloge de ses vertus, de ses qualités, en vers alexandrins, suivi des regrets de ses enfants et de toute sa famille, en vers de huit pieds.

Après avoir admiré ce monument, je parcourus d'autres sentiers; j'allais m'éloigner, lorsque j'aperçus plusieurs jeunes gens rassemblés autour d'un tombeau. Je m'avançai doucement, afin de ne point les troubler; le mausolée était fort simple, et je lus sur la tombe le nom du maître maçon dont j'avais aussi rencontré le convoi. Il n'y avait que son nom de gravé sur le marbre; mais devant la pierre tumulaire, je vis trois jeunes gens à genoux, ses fils sans doute, qui, les yeux pleins de larmes, jetaient des fleurs sur le simple tombeau.

Mon cœur se serra; je sentis que cet hommage était préférable à toutes les pompes qui accompagnent la grandeur. Je m'éloignai lentement; et en repassant près du beau mausolée, je ne jetai qu'un froid regard sur ce magnifique monument, devant lequel les curieux seuls s'arrêtent.

LES HABITUÉS DE L'ORCHESTRE.

J'aime le spectacle, et j'aime surtout à y être bien placé. Avant d'aller à un théâtre, je commence par m'informer où l'on est le mieux pour entendre et pour voir, j'insiste surtout sur ce dernier point; car j'aime à jouir du jeu de physionomie d'un acteur et du gracieux sourire d'une danseuse.

J'ai été à tous les théâtres de Paris, et j'avoue qu'il en est fort peu où j'aie trouvé une place véritablement bonne. Pour voir et entendre, me disait-on, il n'y a pas de meilleure place que le parterre; mais j'ai été bien vite forcé de l'abandonner. Aux petits théâtres, la société du parterre n'est pas toujours choisie; et c'est d'ailleurs trop bruyante; ensuite j'aime à entendre ce que l'on joue, je m'impatientais des conversations qui se tenaient autour de moi. On a toujours quelque voisine officieuse qui se charge de raconter d'avance à toutes les personnes placées auprès d'elle, ce qui va se passer dans chaque scène; souvent même elle souffle les acteurs, ou dit leurs tirades avec eux, sans compter les commentaires, les réflexions qui suivent la moindre péripétie.

Aux grands théâtres, le parterre est généralement mieux composé, mais on n'y est pas encore tranquille : souvent il s'élève des querelles entre les personnes qui veulent siffler et celles qui veulent applaudir; alors, malgré sa neutralité, on attrape toujours quelque chose dans la bataille.

Allant plutôt aux grands théâtres qu'aux petits, c'est au balcon que je donnai d'abord la préférence. La société y est choisie; mais, le croirait-on ? elle est presque aussi causeuse que celle du parterre des petits théâtres. Certes, les conversations que l'on entend ne déchirent point les oreilles; ce sont presque tous gens de bon ton, qui s'expriment avec goût, avec élégance, quelquefois même avec esprit. Malgré cela, comme je tiens à entendre la pièce et la musique, je m'impatientais souvent au récit des bonnes fortunes de l'un, des conquêtes de l'autre, des mouvements de la Bourse, de la perte de M.*** à l'écarté, du dernier bal de madame D..., et de mille autres jolies choses qui, m'arrivant de droite et de gauche, ne donnaient point à mes pauvres oreilles un petit moment de répit pour entendre le spectacle.

Dernièrement, à la première représentation d'une pièce nouvelle, je voulus essayer de l'orchestre, dans l'espérance que j'y goûterais mieux le spectacle... Hélas ! je tombai de Charybde en Scylla !

C'est à l'orchestre que se mettent ce que l'on appelle les habitués, gens qui ont leurs entrées, et qui viennent tous les soirs au théâtre aussi exactement qu'un surnuméraire va tous les matins à son bureau. Je me trouvais entre plusieurs habitués, car la plupart de ces messieurs se connaissaient. On mit la pièce nouvelle que le tapis; avant le lever du rideau je sus qu'elle était détestable; poëme et musique, tout était archimauvais.

— Ah ! mon Dieu ! me dis-je, j'ai eu bien tort de venir ici ce soir ! Ces messieurs passèrent ensuite en revue les acteurs et les actrices. Je sus toutes les anecdotes de coulisse; en un quart d'heure j'appris quinze aventures galantes, que peut-être ignoraient les personnes auxquelles on les attribuait; on fit et on défit plusieurs réputations. Enfin la pièce commença, mais chaque mot dit par les acteurs était répété par mes voisins, qui y ajoutaient : — Commun, plat, détestable, pitoyable !...

J'avoue que la pièce aurait pu être meilleure; à coup sûr, si ces messieurs de l'orchestre voulaient se donner la peine d'en faire une, elle serait parfaite en tous points; car ils savent trop bien critiquer pour tomber dans les défauts qu'ils relèvent; mais j'eus pendant toute la représentation le cœur serré en songeant ce pauvre auteur épilogué par des juges aussi sévères, et je me promis bien de ne plus me placer à l'avenir au milieu des habitués de l'orchestre.

COLOMBINE MALGRÉ ELLE,

OU

UNE AVENTURE DE CARNAVAL.

Quelle foule se presse sous ces portiques ! quel bruit, quels cris font retentir les échos de ce péristyle ! C'est vers un des temples élevés à la folie que le monde se porte, se précipite. Pauvres humains ! hâtez-vous de jouir, le temps du plaisir passe si vite !

Nous sommes devant le bal de l'Opéra. Un Arabe demande le Grand Turc qui prie humblement un Savoyard de lui faire place; madame Angot a le pas sur une princesse d'Allemagne; une bergère dit des injures à un marquis, tandis qu'une poissarde fait les yeux doux à un troubadour. Un chef de brigands se tient à l'écart de peur d'être foulé, et une ingénue se précipite bravement au milieu de la cohue en entraînant deux Circassiennes auxquelles elle crie d'une voix enrouée :
— Faites comme moi, laissez-vous aller.

Je me décide à faire comme l'ingénue, je me laisse aller; la foule me porte, et je me trouve dans l'enceinte consacrée à la folie. La musique ajoute au délire qui semble animer quelques masques; les airs de danse s'unissent au murmure continuel des voix qui bourdonnent autour de moi. On se promène pas, on se pousse, on se coudoie; mais on se parle, on se tutoie; et cette licence provoque la gaieté. Ici, on peut impunément dire ce qu'on pense à un grand seigneur; l'esclave rit de son maître, le nègre marche l'égal du blanc, la grande dame va en petite loge avec un jockey, et plus d'un jocrisse fait prendre des glaces à une sultane.

Mais quelle est cette Colombine qui se promène seule et revient souvent à la même place, où elle semble attendre quelqu'un ? Cette jeune femme, fille ou veuve (l'histoire ne s'explique pas à cet égard), après avoir brillé dans un élégant tilbury, après avoir eu sa loge aux Bouffes, sa baignoire à Feydeau, et plusieurs laquais à ses ordres, sans compter ses adorateurs, dont le nombre était, dit-on, infini, avait vu tourner pour elle la roue de la fortune; ses adorateurs étaient allés encenser d'autres belles; par suite, le train brillant diminua; plus de loges, de voitures, de bijoux, de valets, et cependant la dame était encore jolie; mais la fortune est capricieuse, et l'amour lui ressemble.

A l'époque du carnaval de cette année, il ne restait à la jeune dame, pour se parer, qu'une seule robe assez fraîche ; c'était son ancre de miséricorde. Avec cette robe elle fait, à un petit théâtre, connaissance d'un Anglais, qui devient épris de ses charmes, et se déclare aussi élégamment que peut le faire un homme qui écorche le français. L'Anglais paraît opulent et généreux, on l'écoute favorablement, et on lui accorde le rendez-vous qu'il demande, et où l'on espère achever de lui tourner la tête.

C'est au bal de l'Opéra qu'on doit se revoir. — Comment vous y serez mise ? demande milord. — En Colombine, répond la dame, qui sait que ce déguisement lui va bien. — Colombine, *it is very well*, je comprends : Colombine, c'est très-fashionable, je pas oublier, et où je trouverai vous ? — Près de l'orchestre, je mettrai un ruban rose à mon bras ; d'ailleurs je vous reconnaîtrai, vous ne vous masquez point ? — Non, jamais masquer mon figure, cela troublait la digestion. *You very pretty*; je rêver toute la nuit à Colombine.

On se quitte. Notre belle est enchantée : déjà elle se revoit dans un brillant hôtel, a de nouveau des voitures, des bijoux, des laquais, car milord lui a fait les offres les plus séduisantes, elle compte même le suivre en Angleterre. Elle passe la nuit à étudier le change des monnaies avec Londres, et s'endort en répétant fort distinctement : *I love you for ever*.

Le lendemain, il faut s'occuper des moyens de se procurer un déguisement et de se rendre au bal. On ne possède plus rien qu'un châle et une robe ; mais une officieuse amie va porter ces deux objets dans une de ces maisons utiles aux malheureux. Pendant ce temps, la jeune femme, n'ayant qu'un jupon court et un blanc corset, bâtit encore des châteaux en Espagne.

L'amie revient ; elle a loué un fort joli costume de Colombine, il reste encore de quoi prendre une voiture et un billet de bal : c'est tout ce qu'il faut, l'avenir est couleur de rose.

L'heure de se rendre au bal est enfin venue. Colombine est prête ; elle se regarde avec complaisance, se trouve charmante, séduisante, ravissante. Elle doit tourner la tête aux Trois-Royaumes ! Elle monte en voiture, et arrive à l'Opéra. La foule est immense, mais elle parvient enfin à l'endroit désigné. Elle cherche... Point de milord. Il se promène sans doute. Elle attend... Point de milord. La nuit se passe ; le bal est fini, et milord n'est point venu ! Pauvre Colombine !

Tout enivré de son bonheur, tout occupé de sa conquête, l'Anglais s'était réuni à quelques-uns de ses compatriotes, auxquels il avait fait part de sa bonne fortune, et ces messieurs s'étaient rendus chez Beauvilliers, d'où ils comptaient aller à l'Opéra admirer la beauté qui avait séduit milord. Mais, à force de boire à la santé de cette belle, et à celle de beaucoup d'autres, en voulant se donner une pointe de gaieté pour être plus aimables auprès des dames, ces messieurs avaient fini par s'endormir à la table entre le punch et le champagne, et milord ne se réveilla que le mercredi des cendres.

Quant à Colombine, forcée de regagner à pied son modeste hôtel garni, la pauvre petite n'a pu ravoir le lendemain ni son châle ni sa robe ; il lui a fallu rester en Colombine, quoique ce costume eût perdu tout son charme à ses yeux.

LES SONGES.

Nos bons aïeux croyaient aux songes, aux visions, aux cartes, aux revenants, à la magie noire, à la magie blanche, et à mille sortilèges tous plus effrayants les uns que les autres. Il est vrai qu'au temps de nos bons aïeux, les sorciers étaient fort communs ; on en brûlait souvent, on en rencontrait toujours. Depuis qu'on ne les brûle plus, on n'en entend plus parler ; il paraît que ces gens-là aimaient à être grillés.

Nous sommes moins crédules que nos pères ; cependant le merveilleux a toujours des charmes pour nous, et si nous sommes un peu revenus sur le compte des esprits, nous ne sommes pas encore totalement indifférents au pouvoir des songes. Un mauvais rêve laisse quelquefois dans notre âme de tristes impressions ; il est beaucoup de personnes qui s'en affectent et qui regardent un songe comme un avertissement qu'il est urgent de se faire expliquer, afin de n'être point surpris par les événements.

Les dames ont surtout beaucoup de foi aux songes : tout ce qui a quelque chose de merveilleux plaît à leur imagination, ennuyées de ne voir en réalité que des choses fort ordinaires.

De tout temps on a expliqué les songes ; c'est à ce métier que le pudique Joseph a dû sa brillante fortune ; les nécromanciens ne font plus si vite leur chemin, mais on les consulte encore, et, à leur défaut, on trouve une foule de livres qui vous donnent pas à pas la clef de ce que vous avez rêvé.

J'ai une vieille voisine qui s'est ruinée en mettant à la loterie les numéros que ses rêves lui donnaient, ce qui ne l'empêche pas d'avoir toujours autant de confiance dans ses songes. Dernièrement, ayant eu le malheur de lui dire que j'avais fait un rêve bien singulier, elle voulut à toute force que je le lui racontasse, afin de m'en donner l'explication. — Eh bien, lui dis-je, j'étais sur mer, et pourtant j'étais à cheval ; je volais, et cependant je n'avais ni ailes ni ballon.

—Ah! mon Dieu, monsieur, me dit-elle en tirant un petit livre de sa poche, que de choses là-dedans! Je vais vous apprendre exactement ce que tout cela signifie. La mer, monsieur, c'est joie et facile moyen pour réussir dans ses projets; le cheval, c'est prospérité, expédition brillante; voler, monsieur, ah! je la sais par cœur, celle-là : voler signifie qu'on s'élèvera au-dessus de ses rivaux, qu'on montera en dignité. Votre rêve est magnifique; il doit vous arriver quelque chose d'heureux aujourd'hui.

Je remerciai ma voisine et la priai de me prêter un moment ce livre précieux qui apprenait à expliquer les songes. Ces ouvrages-là brillent rarement par le style et les pensées, mais ils n'ont pas besoin de cela près de leurs lecteurs, qui n'y comprendraient rien s'ils étaient écrits en style romantique. Je lus dans celui-ci que lorsqu'on rêve d'un ours, c'est qu'on rencontrera quelque bête en son chemin; et comme il est rare qu'on passe une journée sans rencontrer une bête, je ne doutai point que l'explication ne se trouvât toujours juste. Je vis que rêver que l'on saute un fossé, dénote que l'on fera une chute, et que songer que l'on voit des perdrix est signe que l'on formera avec une dame une liaison agréable. Je fus tout surpris, je l'avoue, de voir qu'il y avait des rapports entre les femmes et les perdrix. Bref, je lus des choses merveilleuses, et je rendis le livre à ma voisine, tout fier d'avoir la clef de beaucoup de songes. Mais voyez le malheur! ce jour même où j'avais fait un si beau rêve, je glissai sur mon escalier, et me fis en tombant une énorme bosse au front.

—Eh bien, dis-je à ma voisine qui me montrait ma pauvre tête, comment m'expliquerez-vous cet accident? Vous m'aviez assuré qu'il m'arriverait quelque chose d'heureux.

—Eh mais, monsieur, il me semble que vous devez être content : vous pouviez vous tuer, et vous en êtes quitte pour une bosse au front!... N'êtes-vous pas heureux?

—Je vois que vous avez raison, lui répondis-je, mais je vous avoue que je ne voudrais pas avoir souvent de ces bonheurs-là.

LES PLAISIRS DE LA PÊCHE.

M. Bertrand est grand amateur de la pêche, où il se prétend de la première force pour attirer le poisson. Il a, dit-il, fait les plus beaux coups de filet que l'on ait vus depuis la révolution. Mais on assure que les pêcheurs sont un peu menteurs. Cependant M. Bertrand doit savoir pêcher, car à dix ans il allait s'asseoir devant les fossés de l'Arsenal, où il y avait alors de l'eau, et il passait là le temps de sa récréation, soit à guetter le poisson, soit à chercher dans la terre de l'asticot. Etant entré petit clerc chez un procureur, Bertrand, au lieu d'aller porter chez l'huissier les billets protestés, les citations, les requêtes, allait s'établir sous le Pont-Neuf, avec un grand roseau au bout duquel il avait disposé ses fils et ses hameçons, et le maître clerc était obligé de venir le tirer par les oreilles, parce que M. Bertrand oubliait les soins de l'étude pour une tanche ou un barbillon.

En vieillissant, M. Bertrand n'a point perdu son goût pour la pêche, chez lui, c'est toujours une fureur. Simple employé dans une administration, il a le dimanche pour se livrer tout à son aise à ce plaisir, mais il n'en passe pas un sans aller s'établir sur les bords de la Seine, à moins qu'un temps trop pluvieux ne trouble la tranquillité des habitants de l'onde. Suresne, Nogent, Saint-Cloud, Sèvres, Passy, Auteuil, Saint-Ouen, Saint-Denis, enfin tous les environs de Paris où l'on peut pêcher, ont été visités par M. Bertrand, qui va, dès le lever de l'aurore, s'établir avec sa ligne et son panier sur les bords de la Seine, et y reste ordinairement jusqu'au coucher du soleil.

A quarante ans, M. Bertrand, qui s'ennuyait peut-être de pêcher seul, songea à prendre une compagne. Une demoiselle de vingt-huit ans accepta l'hommage de son cœur; il eut soin, cependant, de la prévenir qu'il était grand pêcheur, mais cela ne rebuta point la demoiselle, qui peut-être interprétait ce mot d'une autre façon. La pauvre femme sut bientôt à quoi s'en tenir : tous les dimanches il lui fallut suivre son mari à la pêche, et là il n'y a pas moyen de faire la conversation; le moindre bruit effrayerait le poisson; M. Bertrand se met de fort mauvaise humeur lorsqu'il ne prend rien, et dit que c'est la faute de sa femme. Celle-ci lui a donné un fils qu'il élève à chercher de l'asticot et à découvrir des écrevisses.

Par la chaleur la plus accablante, il faut, dès que M. Bertrand a le temps, se mettre en route et faire au moins deux lieues à pied, car le poisson ne s'arrête pas près de Paris, à ce que disent les pêcheurs. Monsieur porte sa ligne, ses filets, ses hameçons; madame porte sous le bras un panier pour mettre le poisson, et Fanfan ferme la marche avec une serviette dans laquelle sont quelques provisions pour le déjeuner.

M. Bertrand choisit sa place, puis il recommande le plus profond silence. Il ne faut pas que sa femme lise, parce qu'on fait du bruit en tournant le feuillet. Il ne faut pas que Fanfan remue, sous peine de ne point manger de la pêche de son papa. Bientôt le soleil gagne la place où est assise la famille Bertrand. L'épouse et le petit étouffent et demandent à aller plus loin, mais M. Bertrand est intrépide;

il prétend que la place va devenir bonne. Cependant il est une heure et demie, et depuis six heures du matin qu'ils sont là, le pêcheur n'a encore pris qu'un goujon.

—J'ai faim, dit Fanfan. —Chut!... silence!... Taisez-vous, dit M. Bertrand en jetant sa ligne un peu plus loin. —Mais, mon papa... —Fanfan, si tu parles, tu auras le fouet en rentrant... —Ah! je crois que je sens quelque chose... —Mais, mon ami, cet enfant a faim... —Il dînera mieux... Silence, madame Bertrand! vous me faites perdre une superbe pièce!... —Nous grillons ici, et le soleil est brûlant! —Eh! madame, je suis au soleil comme vous, et cependant je ne dis rien... Chut... l'eau a frétillé... Ah! cette fois, je tiens quelque chose.

M. Bertrand tire sa ligne, et pour la troisième fois il pêche un paquet de roseaux. Enfin, sur les cinq heures du soir, il a pris un barbillon et trois petits poissons blancs. —Est-ce assez pour faire une matelote? demande-t-il à sa femme. —Oui, certes, répond celle-ci, qui n'aspire qu'à s'en aller. On se rend dans le village, on entre chez un traiteur, qui sourit d'un air goguenard en voyant la pêche qu'on lui apporte, et pour l'accommoder, se fait payer deux fois plus cher que s'il avait fourni le poisson. Mais, tout en dînant, M. Bertrand ne cesse répéter : —C'est délicieux de manger de sa pêche; comme cela est frais! Et madame Bertrand dit tout bas en revenant à Paris : —Si j'ai une fille, la pauvre enfant n'épousera pas un pêcheur.

UN BAL COSTUMÉ.

Quelques jours avant la mi-carême, je reçus le billet suivant :
« Vous êtes invité à venir passer la soirée jeudi chez M. ***. Il y aura un piano et des violons pour ceux qui en voudront jouer; on sera reçu non masqué, le déguisement n'est pas obligatoire; on se livrera à une foule de divertissements et autres. La soirée se terminera par deux pâtés; les personnes qui ne seront point arrivées à dix heures ne souperont pas.

La formule de cette invitation, et surtout le nom de la personne qui me l'envoyait, me décidèrent sur-le-champ à me rendre à cette soirée. Celui qui donnait le bal était un vieux garçon, rentier fort à son aise, retiré des affaires depuis quelque temps, et ne songeant plus qu'à ses plaisirs; aimant le monde, aimant surtout les artistes, parce qu'il avait reconnu que leur société est plus aimable que toutes les autres, et faisant toujours de son mieux pour que l'on s'amusât chez lui, où l'on était fort à son aise. Tel était l'amphitryon de la soirée; ajoutons cependant que M. *** avait la prétention d'être plaisant, de faire des malices, des bouffonneries, et que ses plaisanteries n'étaient pas toujours heureuses; mais c'était justement ce qui me donnait le désir d'aller à son bal, bien certain que le maître de la maison avait médité quelques espiègleries dont il voulait divertir la société. Il ne s'agissait pas de savoir quel déguisement je prendrais, un costume de caractère?... Mais alors il faut savoir soutenir le rôle qu'on a pris, il faut jouer son personnage, il faut parler et agir, il faut amuser les autres. Je trouve qu'il est bien plus agréable de s'amuser soi-même. J'aime mieux être spectateur que d'être acteur. Je ne me déguiserai donc pas.

Me voici devant la maison de M. ***; il n'y a ni lampions ni garde municipal à la porte; mais il ne s'agit ici que d'un bal bourgeois.

J'entre dans la cour; le portier et toutes les bonnes de la maison sont rassemblés devant sa loge; probablement ces gens-là guettent l'arrivée des masques qui doivent venir au bal.

Le portier, qui est sorti de sa loge avec un enfant et une bonne dans ses bras, s'écrie : —Tiens! monsieur va au bal et il n'est pas déguisé !... —Est-ce que vous avez reçu l'ordre de ne laisser monter que des masques? —Ce n'est pas cela que je veux dire... Mais c'est bien plus amusant d'être déguisé!... Là-haut, il y a déjà deux postillons de Longjumeau, et des paysans et des bergers avec des culottes grecques!... C'est bien joli ce costume de postillon! Quand mon petit aura été vacciné, je le mettrai comme ça tous les dimanches pour aller voir sa marraine.

Je n'écoute pas le portier, je monte l'escalier. C'est au quatrième que je vais; je crois être arrivé, je sonne : on n'ouvre pas, mais la clef est sur la porte, j'entre. Je suis surpris de ne voir personne dans l'antichambre, qui n'est éclairée que par une lampe. Serais-je venu trop tôt? il n'est pas près de dix heures, et il ne s'agit ici que d'un petit bal sans cérémonie. Je me décide à ouvrir une porte qui est devant moi; je fais quelques pas... on pousse des cris horribles; j'avance la tête... on crie plus fort, et j'aperçois une dame déjà âgée qui est habillée avec beaucoup de coquetterie, mais qui n'est point encore coiffée, car elle tient à la main une grosse natte et des anglaises d'un fort beau noir, qui doivent probablement cacher les cheveux gris que je vois en cet instant.

Je me confonds en excuses; mais cette dame semble désolée d'avoir été vue sans son tour et sa natte : elle a l'air de vouloir se trouver mal; je vais la secourir, lorsqu'une femme de chambre accourt derrière moi en criant : —Madame! le coiffeur va venir... il est encore

après madame Féodille, qui a défait deux fois tout ce qu'il lui avait mis sur la tête, parce qu'elle ne se trouvait pas assez bien. Le pauvre coiffeur!... a-t-il du mal après cette dame pour la rendre jolie!...
— Ah! mon Dieu! dis-je en m'apercevant de la méprise que je venais de commettre ; mais je ne suis donc pas ici chez monsieur *** ? — Non, monsieur, me dit la femme de chambre, c'est au-dessus... la porte pareille.

La dame à qui je m'adresse ne me répond pas, elle s'est retournée et cachée au fond de la chambre. Je me hâte de sortir promptement que la femme de chambre rit de ma maladresse. Je monte un étage de plus : cette fois je suis bien au bal. J'entends déjà le son de la musique ; j'entre : un gros Turc accourt me recevoir ; c'est le maître de la maison. Figurez-vous un petit homme très-gras, ayant le nez presque entièrement caché par deux joues toujours cerise, et au-dessus de deux petits yeux verts qu'il roule sans cesse, un fragment de sourcil qui menace son front. Maintenant habillez ce personnage avec un large pantalon à gros plis, une petite veste de velours ornée de paillettes, qui relève par derrière et ne descend pas à moitié du dos ; mettez-lui une large ceinture de cachemire autour du corps et un immense turban sur la tête, et vous aurez notre amphitryon. Il me regarde quelque temps, et part enfin d'un éclat de rire : — Hi, hi, hi !... Je suis Turc, mon ami... J'étouffe là – dedans !... mais, que voulez-vous? il faut bien s'amuser. Comment me trouvez-vous? — Vous avez l'air d'un poussah. — N'est-ce pas?... hé! hé!... nous allons rire!... Entrez donc, mon cher ami. Ils dansent déjà là-dedans. Oh! nous ferons des folies!... Je suis en train d'abord. — Dites-moi, est-ce que vous avez invité votre voisine d'ici dessous à venir à votre bal? — Oui... c'est une dame très-aimable, et qui est encore fort bien... Vous verrez... une brune qui a des cheveux superbes.

Je savais à quoi m'en tenir sur les cheveux de la voisine ; mais je ne jugeai pas à propos de détromper notre vieux garçon, et je pénétrai dans le salon. L'orchestre était bruyant. Outre un pianiste, il y avait deux jeunes gens qui jouaient du violon, un petit monsieur qui soufflait dans un flageolet, et un grand gaillard qui, avec son cor à piston, semblait décidé à faire plus de bruit que tout le reste. La réunion n'était pas encore nombreuse ; les danseurs étaient quatre, dont deux petites filles de six à sept ans, costumées en bergères, qui sautaient à tort et à travers dans les jambes de tout le monde ; puis une dame très-puissante habillée en sultane, et qui s'efforçait de montrer le galop à un monsieur d'une quarantaine d'années, qui se laissait faire, et, conservant son air grave dansait une gravité comique, dansait le galop comme un menuet, malgré tous les efforts de la sultane pour l'animer.

Je promène mes regards autour de moi. Dans une embrasure de fenêtre sont deux messieurs qui se tiennent bien roides, et semblent craindre qu'un mouvement de leur corps ne dérange quelque chose à leur déguisement. Ils sont Chinois ; leurs costumes sont fort beaux : robes, pantalons, ceintures, tout est frais, brillant ; rien ne manque à leur toilette. Depuis les pieds jusqu'à la tête ce sont bien de vrais Chinois. Je demande à notre gros Turc quels sont ces messieurs.
— Ce sont des gens fort riches, ils ont chacun plusieurs maisons dans Paris... Ce sont les frères, ils sont garçons et très-recherchés à la Bourse. — Fort bien ; mais sont-ils aimables... gais? — Ah!... ils sont très-riches... Ils ont de beaux costumes, n'est-ce pas? — Oh! leur costume est magnifique!... mais est-ce qu'ils ne disent rien? — Oh! je pense qu'ils se mettront en train plus tard. — Y a-t-il longtemps qu'ils sont arrivés? — Plus d'une heure : ils se sont assis tous les deux comme vous le voyez... jambes croisées, le doigt en l'air... pose plutume tout à fait ! et ils n'ont pas bougé de là. — Peste! voilà deux gaillards qui doivent bien s'amuser.

J'aperçois au près de moi un monsieur habillé en marquis et un autre vêtu en chevalier, qui parlaient avec chaleur. Je m'approche d'eux, croyant qu'ils sont dans l'esprit de leur rôle, et j'entends le dialogue suivant :
— Je vous dis, monsieur, que les laitières ne se mettront pas dans les boutiques. Ce serait commode vraiment!... J'ai mon neveu qui est parfumeur, il a un fort joli magasin rue Saint-Denis. Une laitière était à quelques pas de lui ; elle a voulu apporter toutes ses boîtes et ses petites mesures dans sa boutique, il eût été du joli !... Il n'y a rien de plus sale que ces laitières avec tout leur attirail... Comme cela est agréable pour des gens qui viennent acheter de l'eau de Portugal et de la pâte d'amandes de marcher à travers les cruches d'une laitière ! Mon neveu l'a renvoyée bien vite. — Et où voulez-vous qu'elles se placent ces pauvres femmes? — Sous les portes cochères ! — Sous les portes cochères !... vous plaisantez, je crois ! Comment, j'ai une maison bien tenue, une maison sûre ; mon portier ne laisse entrer qu'après s'être assuré où l'on va, et vous voulez qu'une laitière vienne s'établir sous ma porte, vende et serve, qu'elle y reçoive toutes ses pratiques!... toutes les bonnes, toutes les petites filles!... tous les gamins qui viennent acheter de lait !... Je bien obligé, monsieur ! Une maison serait donc un endroit public! Plus de sûreté, plus de propriété!... Non pas vraiment! je ne recevrai pas de laitière sous ma porte cochère. — Où diable voulez-vous qu'elles se mettent, alors?...
— Messieurs! messieurs! je vous défends de parler politique, s'écrie le maître de la maison en s'élançant entre le marquis et le chevalier. Faites danser les dames!... faites donc danser les dames! — Et où sont-elles donc vos dames? — Les voici ! elles arrivent en foule! Nous allons faire des folies...

Et le gros poussah riait, se frappait le ventre, et courait à chacun en faisant son possible pour égayer sa société, qui ne s'amusait pas.

Un grand monsieur sort d'une pièce voisine, et vient se promener dans la salle du bal. Ce monsieur est en bourgeois, mais il a un faux nez terminé par d'épaisses moustaches. Il regarde tout le monde, il se regarde souvent dans les glaces ; il paraît persuadé qu'on doit l'admirer. Moi, je ne comprends pas trop que, dans un bal de société, on ne se déguise qu'avec un faux nez. Ce monsieur a peut-être des intentions comiques qui perceront plus tard. Attendons.

Le monde arrive enfin. Voici quelques jolies femmes ; des Camargo, des paysannes, des vivandières : tous ces costumes sont d'une grande fraîcheur ; ils sont élégants, gracieux même ; mais je n'en vois pas un d'exact. Les paysannes ne se mettent point avec cette recherche, les vivandières n'ont pas de jupes faites de cette étoffe. Cette personne que j'aperçois dans un coin du salon, et à qui sur elle une profusion de rubans, de fleurs, de dentelles, n'est pas une villageoise d'Italie qu'une bourgeoise du quinzième siècle. On résume maintenant tous les déguisements par ces mots : costumes de fantaisie. Fantaisie, à la bonne heure ; mais il est fâcheux que les dames n'aient pas la fantaisie de porter un costume exact et vrai ; les bals costumés y gagneraient, et l'on saurait au moins à quel personnage on a affaire. Ce que je regrette aussi, c'est de ne point voir de déguisements qui annoncent au moins une idée bouffonne et égayent une réunion ; mais il est plus facile de se mettre un beau costume et de dire : Admirez mon déguisement, que d'avoir une idée comique. Voilà pourquoi tant de gens se bornent à mettre un bel habit.

Jusqu'à présent, le personnage le plus plaisant du bal est le monsieur au faux nez. Il se promène gravement dans les salons, il s'arrête devant les dames, et semble attendre que l'on rie ; mais personne ne lui parle. Cela doit le contrarier beaucoup. J'ai dans l'idée que son nez le gêne un peu pour voir, car je l'ai aperçu plusieurs fois qui se cognait contre les portes et se heurtait à des chaises. Je voudrais bien savoir par quel procédé il est parvenu, sans le secours d'un chapeau, à faire tenir son nez sur sa figure. Ah! une dame qui n'est pas déguisée s'approche de lui... elle parle... Je m'approche aussi et j'écoute ; c'est permis dans un bal masqué.

— Mon ami, est-ce que tu garderas ton nez toute la soirée? — Oui, certainement!... — Mais il me semble que je ne vois personne de notre connaissance ici ; qui veux-tu donc intriguer? — Cela ne fait rien ; on me regarde beaucoup... on chuchote !... Tu ne vois pas cela, toi... Oh ! je fais un effet étonnant!... — Cela doit te gêner d'avoir cela sur la figure ? — Non ; cela me fait un peu bouffer, mais ce n'en est que mieux... Je t'assure qu'on ne me reconnaît pas... — Mais puisqu'il n'y a ici que M. *** qui te connaisse... — Laisse-moi donc tranquille!... on m'intrigue, j'en suis sûr... — Au moins, mon ami, tu ôteras ton nez pour le souper? — Non, je ne l'ôterai pas!... D'ailleurs, j'ai tellement collé les moustaches et le haut avec du vernis!... Ça me tire un peu la peau, mais cela tient parfaitement... — Me feras-tu danser? — Non, certainement!... Danser avec ma femme, belle malice! Tout le monde me reconnaîtrait ! — Mais puisque personne ici ne... — Laisse-moi tranquille, je t'en prie!...

Le monsieur au faux nez s'éloigne de sa femme avec humeur, et s'en va marchant sur les pieds de tout le monde.

Le maître de la maison est enchanté : on commence à ne plus pouvoir circuler dans la salle du bal ; et cependant on veut danser. Le gros Turc va, vient, court et s'écrie : — J'étouffe là-dedans!... Il faut s'amuser!... Faisons des folies!

La musique se fait entendre. Les danseurs se mettent en place comme ils peuvent ; ils veulent s'élancer et tâcher d'exécuter les figures ; mais leurs pieds se collent au parquet, ils ne peuvent en détacher leur chaussure. Le Turc rit aux larmes, il se tord, il se roule sur sa banquette ; c'est une plaisanterie de sa façon. Il vient de répandre à pleine main de la poudre de goudron dans la salle du bal pour que les danseurs ne puissent pas faire glisser leurs pieds.

Les dames vont se fâcher, et en effet, il est assez singulier d'inviter du monde pour un bal, puis de trouver le moyen d'empêcher de danser. Enfin M. *** demande grâce, en promet de rendre son salon praticable pour le bal.

Je suis entré dans une pièce où l'on joue la bouillotte ; le jeu est très-modéré, c'est presque une partie de famille. Cependant un des joueurs paraît y apporter beaucoup d'intérêt, car après chaque coup il ne manque pas de lâcher une des phrases suivantes : — Je perds!... Non, je ne perds pas... je suis dans mon argent. Ah! je ne suis plus dans mon argent... Je ne gagne pas... Ah! je suis rentré dans mon argent!

On fait circuler les glaces ; le monsieur au faux nez est parvenu à en saisir une, mais il s'obstine à la faire manger à ses moustaches au lieu de la mettre dans sa bouche. Après de longs essais infructueux pour avaler un peu de vanille sans crêpe, le monsieur au faux nez se décide à laisser

Une famille déguisée vient d'arriver; le mari est en Ecossais. Toutes les dames du bal ont un beau mouvement de terreur, mais l'épouse de l'Ecossais, qui est habillée en sauvage, s'empresse de rassurer la société. Quant à la dame sauvage, elle s'est fait une espèce de jupe en fourrure. J'entends quelques personnes placées derrière moi assurer que c'est avec un manchon décousu que l'épouse de l'Ecossais a confectionné son costume. Ses deux enfants, dont l'un a douze ans et l'autre neuf, sont en vieux paysans, et ont l'air d'avoir envie de pleurer, mais les boucles de leurs perruques reviennent continuellement dans leurs yeux.

Le marquis et le chevalier causent toujours avec feu dans une embrasure de fenêtre. Je pense qu'ils s'occupent de ce qui se passe au bal, mais en passant près d'eux je saisis ces mots:

— Il faut pourtant qu'on m'apporte mon lait tous les matins, monsieur... C'est mon déjeuner depuis quarante ans, du café au lait... Il me faut mon café! — Vous le prendrez à l'eau. — Bien obligé! Je ne dormirais plus de l'année. Ces messieurs en sont encore sur le chapitre des laitières.

Mais le maître de la maison a ramené tout le monde dans son salon en jurant aux dames que leurs pieds mignons ne s'attacheront plus au parquet. Je vois notre gros Turc rire en disant cela, et je soupçonne encore quelque malice de sa part : d'autant plus qu'avant de donner le signal à l'orchestre, il a encore eu soin de se promener dans toutes les parties de son salon.

Mais la musique se fait entendre de nouveau; le flageolet, le cor à piston invitent à la danse. Le monsieur au faux nez, qui s'obstine à se promener dans la foule, où personne ne lui parle, est bousculé et repoussé par les danseurs. Peu lui importe d'être pressé, coudoyé par tout le monde : il est sûr que son nez ne se défera pas. Cette conviction lui suffit.

Le signal est donné, les danseurs s'élancent... Mais un autre événement signale cette contredanse. Le parquet est maintenant si glissant qu'il est difficile d'y tenir pied; il semble que l'on danse sur un verglas. A la huitième mesure, trois danseurs sont déjà par terre ; le père de famille déguisé en Ecossais se trouve être du nombre. Le Turc rit de plus belle; mais cette fois les danseurs l'entourent, les danseuses se fâchent : on lui dit que la plaisanterie est une mystification. Ce n'est pas sans peine que M. *** parvient à calmer son monde et à obtenir son pardon pour cette nouvelle espièglerie. Enfin on se calme. Le gros Turc fait balayer la poudre de savon qu'il avait répandue, et les danses recommencent. Mais j'entends une grande dame habillée en troubadour se plaindre amèrement de ce qui vient d'arriver.

— C'est fort désagréable! disait cette dame à une de ses voisines : mon petit garçon, qui est en page, dansait tout à l'heure, il vient de tomber, ainsi que plusieurs autres personnes; il a déchiré son pantalon... Le voilà forcé de rester assis jusqu'à la fin du bal!... C'est contrariant!... Je vais le bourrer de gâteaux et de glaces pour le consoler.

Les deux Chinois n'étaient pas tombés, car ils n'avaient pas bougé de leur place, et ils tenaient constamment leur doigt en l'air. J'admirais la patience de ces messieurs, et je cherchais à deviner le plaisir qu'ils pouvaient trouver au bal. Cependant une nouvelle rumeur se fait entendre dans le salon. C'est un nouveau masque qui vient d'arriver. C'est un jeune homme vêtu en Espagnol, mais déguisé d'une manière bouffonne : habit fripé à paillettes, perruque blonde trop courte, petite loupe et plumet; enfin dans lesquels il a piqué des papillons. Je reconnais un jeune artiste fort spirituel, et qui a pensé comme moi que, dans un bal de société, ceux qui amusent sont les plus goûtés; mais notre Espagnol n'obtient aucun succès au milieu de toutes ces personnes qui n'ont eu d'autre pensée en se déguisant que de se faire admirer. J'entends même quelques dames critiquer vivement le costume de l'Espagnol en s'écriant : — Ah! mon Dieu! où ce monsieur a-t-il été chercher un pareil costume?... En revanche on admire beaucoup les deux Chinois, qui toute la soirée ont l'air d'être collés sur un paravent.

Un grand bruit retentit tout à coup dans une partie du salon. C'était le monsieur au faux nez qui avait voulu boire du punch et qui s'étranglait en buvant ses moustaches. Il devenait violet, chacun cherchait à lui porter secours. Sa femme arriva et dit : — Il faut lui ôter son faux nez... c'est cela qui l'a fait avaler de travers. Plusieurs jeunes gens saisirent le nez de ce monsieur, et il fallut si bien coller, qu'il fallut s'y prendre à plusieurs fois pour l'arracher. On y parvint pourtant. La douleur que ce monsieur éprouva ensuite qu'on lui ôta ses moustaches le fit revenir à lui; mais il porta la main à sa figure, et, furieux de ne plus avoir son nez, se leva, perça la foule, et sortit du salon, suivi de sa femme, en s'écriant : — Je ne voulais pas me démasquer... Tout le monde m'a reconnu maintenant!... Allons-nous-en!... C'est très-ridicule de m'avoir ôté mon nez!

Cependant la nuit s'avançait. Quelques personnes manifestaient le désir de voir arriver les deux pâtés qui devaient terminer la fête... M. *** fait dresser un buffet dans la salle à manger, et au milieu de diverses sucreries on place les objets annoncés. — Que ce monsieur est original! disent les dames; quelle idée de nous offrir du pâté dans un bal!... Fi! c'est lourd!... c'est mauvais!... on ne donne pas de ces choses-là!... — Ma foi, disent les hommes, puisqu'il n'y a que cela pour nous restaurer, il faudra bien y goûter. Ils sont superbes, ces pâtés-là. Ce sont au moins des pâtés de Chartres.

M. *** prie alors deux messieurs de la société d'en faire l'ouverture. Je m'approche du buffet. J'avais dans l'idée que notre Turc nous réservait encore un plat de sa façon. En effet, à peine ces messieurs ont-ils enlevé la couverture, que chaque pâté sort une nuée de chauves-souris qui se met à voltiger. Les dames poussent des cris perçants; on court, on se sauve dans toutes les chambres, le plus grand désordre règne dans le salon; et à travers tout ce tapage on entend les éclats de rire du maître de la maison, qui vient de voir une des chauves-souris s'attacher à la perruque de l'Ecossais.

Cette plaisanterie dut clore le bal. Je sortis en même temps que le joueur de bouillotte, qui continuait de répéter tout le long de l'escalier : — Je suis dans mon argent! Je ne gagne pas!... Je ne fais rien!... Je suis rentré dans mon argent!

LECTURE D'UNE GOUVERNANTE A SON MAITRE.

— Marguerite, approche la table, avance-moi mon grand fauteuil, mets du bois au feu. Je ne sortirai pas ce soir, il fait trop mauvais temps pour que j'aille regarder jouer la poule au café Turc. Je suis sûr cependant qu'on aura besoin de moi pour juger les coups. — Eh bien! monsieur, on ne les jugera pas!... Allez donc vous enrhumer pour faire plaisir aux autres; avec cela que vous êtes d'une coquetterie... ne point vouloir porter un bonnet de soie noire sous votre chapeau!... — Fi donc! Marguerite, on a l'air d'un malade, d'un invalide, et grâce au ciel, j'ai encore bon pied, bon œil et bon poitrinet!... Hum!... hum!... hum!... maudite quinte! Donne-moi un peu de pâte de jujube.

— Jouerons-nous au piquet ou au mariage, monsieur ? demande Marguerite après avoir donné à son maître la petite boîte de pâte pectorale. — Non, je ne me sens pas en train de jouer; tu me feras la lecture, Marguerite. — Volontiers, monsieur; mais j'espère que vous ne vous endormirez pas comme cela vous arrive souvent avant que j'aie seulement lu trois pages. — Je ne dormirai pas; mais aussi tâche de ne point toujours lire sur le même ton, c'est d'un monotone...

— Comment, monsieur! de quel ton voulez-vous parler ? Je lis sur la table pour être plus commodément, voilà tout. — Je veux dire que tu ne changes pas assez les inflexions de la voix. — Les influxions! qu'est-ce que c'est que ça ? Mon Dieu! comme vous devenez difficile; vous me le demandiez pas tout cela il y a quinze ans! — Il y a quinze ans, tu avais la voix bien plus douce. — C'est vous qui aviez l'oreille moins dure, ça me force à crier. Au reste, si je ne conviens plus à monsieur, il n'a qu'à parler. — Allons, voilà que tu te fâches à présent; on peut rien te dire. Calme-toi, prends tes lunettes et lis.

Marguerite, après avoir encore murmuré pendant quelques minutes, se calme enfin, et ayant mis ses lunettes, place sur la table plusieurs volumes qu'elle vient d'aller chercher.

— Oh! nous avons le choix aujourd'hui, monsieur ; je suis allée faire ma provision chez le libraire; que voulez-vous que je vous lise, monsieur ? — Ce que tu voudras. — Gil Blas de Santillane ? — Je sais par cœur. — L'Histoire de France ? — C'est trop sérieux pour toi. — Le Cuisinier royal ? — On ne lit pas cela quand on sort de table. — Le Savant de société, joli ouvrage, dans lequel on apprend des jeux innocents et des tours de passe-passe ? — Que veux-tu que je fasse de tout cela ? A mon âge, on est brouillé avec les jeux innocents, et l'on manquerait les tours de passe-passe!...

— Diable! monsieur, vous devenez difficile. Mais voici un grand roman... in... in... oc... in-octavo, veux-tu dire? — Oui, monsieur, il doit être meilleur que tous les autres, celui-là, il est plus grand ; la couverture est enjolivée de petits agréments, et il y a une belle gravure. — Oh! je sais ce que c'est, Marguerite; ne touche pas à ce roman-là, tu n'y comprendrais rien... ni moi non plus. — Et pourquoi donc fait-on des livres auxquels on ne comprend rien. — Parce que l'on croit, et qu'il y a des gens qui prétendent que le génie ne doit pas être à la portée de tout le monde. — Ah ça ! il n'y avait donc pas de génie dans ceux que vous lisiez souvent, M. Boileau, qui appelle un chat un chat, ça n'était donc pas du génie, celui-là ? — Au contraire, Marguerite; c'était un grand homme!... — Et cet autre qui est si jovial, ce M. Molière, qui dit : Je veux battre ma femme si elle me plaît, et ne la point battre si ça ne me plaît point...! Ah Dieu! m'a-t-il fait rire avec ses comédies!... Dame, il nomme aussi les choses par leur nom ; est-ce que celui-là n'avait pas d'esprit ? — Ah! c'était un grand génie!... un homme inimitable!... — Comment donc se fait-il que je comprends si bien tous ces génies-là, et que je m'embrouille avec les nouveaux ? — Il y a encore de ces auteurs qui écrivent pour être compris, Marguerite, et ceux-là plairont plus longtemps. — En ce cas, monsieur, nous allons passer à autre chose.

— Ah! v'là la Caverne de la Mort. Le joli titre! Cela donne la chair de poule rien qu'en le prononçant. Et l'estampe! Ah! mon sieur, quelle estampe! Voyez donc : un squelette dans un souterrain, avec des chaînes aux pieds, sur un rocher et une ceinture de clous; et ce beau chevalier qui le regarde, un flambeau d'une main et une épée de l'autre; faut-il qu'il soit brave!... — C'est peut-être un homme fossile qu'il vient de découvrir ? — Oh! non, monsieur, il n'y a rien de fossile là-dedans. Attendez, il y a de l'écriture là-dessous : *Je jure de ne prendre aucun repos jusqu'à ce que la vengeance soit complète.* Ah! mon Dieu! est-ce la Mort qui jure ça? — Eh non! tu vois bien que c'est le chevalier qui veut découvrir les auteurs de ce crime. — Ah! c'est le chevalier? Pauvre jeune homme!... il ne veut prendre aucun repos! il ne veut donc plus se coucher jusqu'à ce qu'il ait pris celui qui a fait le coup? — C'est une manière de parler. — Monsieur, je vais vous lire la *Caverne de la Mort*, n'est-il pas vrai? — Je n'aime pas beaucoup ces livres remplis d'horreurs, cela est d'un triste!... — Oh! pardonnez-moi, monsieur, c'est bien amusant! Des fantômes, des souterrains, des poignards, des enfants changés, des pères égarés, des brigands, des tours du Midi, des femmes vertueuses et innocentes qui ont cinq ou six amoureux qui se tuent pour elles, ah! c'est bien joli ça, monsieur! On a peur, on frémit, on pleure ; on ne sait pas pourquoi, mais c'est égal; et le lendemain, en plumant une perdrix, j'ai toujours devant les yeux c'te pauvre héroïne. Ah! monsieur, que c'est beau ces livres-là! — Allons, puisque cela te plaît tant, va pour la *Caverne de la Mort*. — Y êtes-vous, monsieur? — Oui, je t'écoute. — V'là que je commence.

« Que l'approche de la nuit est imposante sous ce triste ombrage! s'écria le brave Albert en traversant...

— Marguerite, passe-moi ma tabatière. — La voilà, monsieur. « Le brave Albert en traversant la partie la plus sauvage de la forêt Noire. Le soleil... » — Il est diablement sec... — « Le soleil... » — Marguerite, en as-tu dans la tienne? — Oui, monsieur. — Donne-moi une prise... — Le soleil avait à peine franchi la moitié de sa carrière lorsque le chevalier était entré dans cette affreuse solitude, et depuis ce moment...

— Marguerite, tâche donc de ne point tant parler du nez, il me semble que j'entends un basson. — Voilà autre chose à présent!... « Ce moment, c'étaient les premières paroles qui lui échappaient; le morne silence de ces sombres retraites n'était interrompu... » — As-tu bassiné mon lit, Marguerite? — Oui, monsieur... « Interrompu de temps en temps que par les cris du hibou, ou par le battement des ailes de la chouette, bruit lugubre et sinistre qui semblait ajouter encore à l'horreur de cet effrayant désert, et imprimer dans l'âme une superstitieuse terreur. Tout à coup, on entendit... on entendit... tout à coup... »

— Monsieur! monsieur! dit Marguerite en s'interrompant, il me semble que j'entends marcher tout doucement dans la cuisine; entendez-vous quelque chose, monsieur ?...

Mais son maître est déjà endormi; elle s'approche, lui pousse le bras, et il se réveille en s'écriant : — Je proteste que la bille n'était pas collée! — Comment! collée! monsieur; mais nous étions dans la forêt Noire. — Ma foi! j'étais au café Turc, mon enfant. Tiens, ta caverne me donne envie de dormir, je vais me coucher; tu me liras la suite une autre fois. — Oui, monsieur, et vous verrez comme c'est gentil.

www.ingramcontent.com/pod-product-compliance
Lightning Source LLC
LaVergne TN
LVHW022209080426
835511LV00008B/1663